熊本原爆症認定訴訟の記録

裁かれた内部被曝

熊本県原爆被害者団体協議会
原爆症認定訴訟熊本弁護団　編
監修　矢ヶ崎克馬・牟田喜雄

花伝社

裁かれた内部被曝──熊本原爆症認定訴訟の記録◆目次

はじめに……寺内大介　7

第Ⅰ部　熊本原爆訴訟の経緯

第1章　なぜ熊本で原爆訴訟を提起したのか……板井優　12

1　熊本で原爆症裁判？　12
2　水俣と原爆と　13
3　行政の根幹論　14

第2章　裁判の進行……寺内大介　15

1　野口邦和証人尋問（放射線防護学）　15
2　矢ヶ﨑克馬証人尋問（物理学）　16
3　長崎現地検証　18
4　聞間元証人尋問（医師）……中島潤史　20
5　牟田喜雄証人尋問（医師）　22
6　"プロジェクト04"　23

第3章　熊本訴訟の概要……板井優　26

1　第1次第1陣熊本地裁判決　26
2　第1次第2陣熊本地裁判決　27
3　第1次第1陣福岡高裁判決　27
4　熊本判決とは　27
5　第2次訴訟提訴　29

第Ⅱ部　裁かれた内部被曝

第1章　内部被曝とは何か？……矢ヶ﨑克馬　32

1　放射線の危険性　32
2　分子が切断されるとどのような危害が生じるか？　33
3　内部被曝と外部被曝——人工放射性物質による内部被曝の危険性は外部被

　　　　　曝や自然放射能の危険より大きい　34
　　　4　なぜ内部被曝の危険性が原爆症認定制度において無視されてきたのか？　37

第2章　裁かれた内部被曝　41

［1］内部被曝を無視した原爆症認定制度……内川寛　41
［2］内部被曝を暴いた「プロジェクト04」……加藤修　43
　　　1　プロジェクト04（くまもと被爆者健康調査）について　43
　　　2　被爆者の被爆の状況　44
　　　3　遠距離・入市被爆者の急性症状　44
　　　4　被爆者と非被爆者での疾患の発生比較　45
　　　5　内部被曝が与える深刻な人体への影響　47
［3］被爆者たちの内部被曝……板井俊介　47
　　　1　入市した被爆者たち　47
　　　2　原告菅玉時の例　48
　　　3　内部被曝問題こそが熊本訴訟のテーマである　49
［4］内部被曝を無視した国の責任……小野寺信勝　50
　　　1　国の意見陳述　50
　　　2　櫻井琢磨さんの人生　51
　　　3　司法判断を無視した国の責任　52
［5］内部被曝とあるべき認定条件……中島潤史　53
　　　1　あるべき認定条件とは　53
　　　2　「あるべき認定の条件」における内部被曝の捉え方　53
　　　3　実際の判断のあり方　55
　　　4　司法でも採用された考え方　58
［6］内部被曝を裁いた集団訴訟……寺内大介　58
　　　1　大阪地裁での証言と判決　58
　　　2　広島地裁での証言と判決　59
　　　3　東京地裁での証言と判決　60
　　　4　熊本地裁判決（2007年7月30日）　61

第3章　内部被曝の医学……牟田喜雄　62

   1　内部被曝の危険性　62

   2　内部被曝を無視したDS86　64

   3　内部被曝の影響を推定させたプロジェクト04　65

   4　内部被曝の影響を認めた熊本地裁判決、原告に認められた内部被曝の影響　66

第4章　原発事故と内部被曝　70

［1］チェルノブイリと内部被曝……三角恒　70

   1　チェルノブイリ事故とは　70

   2　事故被災者と被曝　70

   3　事故報告の経過　71

   4　低線量内部被曝の危険性　72

［2］福島原発事故と内部被曝……菅一雄　73

   1　「安全神話」の崩壊と放射性物質の拡散　73

   2　内部被曝の危険性への注目　74

   3　汚染と症状に関する広範で継続的で中立公平な調査を　75

［3］原発なくそう！九州訴訟の意義……板井優　76

   1　その日は2011年3月11日　76

   2　東日本に広がる放射線被害　76

   3　内部被曝の恐怖　77

   4　原発なくそう！九州訴訟　78

第5章　水俣の教訓を福島へ　79

［1］徹底した健康調査を……久保田紗和　80

［2］すべての被害者救済を……国宗直子　83

   1　すべての被害者救済と健康調査　83

   2　すべての被害　83

   3　完全補償　84

        4　再発防止　84
        5　責任の主体　85
        6　責任を果たさせる力　86
    ［3］原発を全面廃炉に……田中芳典　87

第6章　若手対談〜原爆症認定訴訟に関わって
　　　　　　　　　　　　……松岡智之 × 池田泉　90

第7章　特別寄稿　94

ミナマタからみた原発事故による健康影響調査……高岡滋　94
        1　環境被害における健康調査の重要性　94
        2　健康調査のもつ二つの意味　94
        3　「被曝─健康影響」関係の検討　95
        4　行政の隠蔽姿勢　97
        5　個別症例検討の重要性　98
"プロジェクト04"にとりくんで……川端眞須代　99
水俣、原爆、そして原発……中山裕二　102

第Ⅲ部　意見陳述〜法廷での訴え

第1章　原告の壮絶な訴え　108

    原爆で傷ついて……広田フサヨ　108
    放射能の影響におびえて……廣瀬昌昭　110
    地獄のような死体運搬作業……志垣秋男　111
    原爆がれきを這い出して……村上務　113
    夫の死を無駄にしないで……濱崎ヨシミ　115
    長崎現地の検証を……坂口和子　117
    お国のために頑張った夫の無念……佐藤絹子　119
    ダンベ船上で被爆して……井上保　121
    ケロイドを引きずった私の戦後……本山俊明　123

正業につけなかった夫の無念……隅倉テル　125
　　　高齢化する被爆者の早期救済を……宮本喜一　128
　　　被爆者を侮辱する国を許さない……櫻井琢磨　130
　　　仕事ができなかった苦しみ……林田榮子　134
　　　おぞましい罪悪感……成田豊太郎　136
　　　一刻も早く、原爆症と認めてください……上村末彦　139
　　　高裁では原爆症と認めてください……西村孝一　142
　　　国は裁判所の判断に従え……中山高光　143

第2章　代理人の訴え　147

　　　被爆現地の調査でわかったこと……三角　恒　147
　　　遠距離被爆者にも急性症状が……田中真由美　150
　　　内部被曝を無視した認定基準……小西直樹　152
　　　「医師団意見書」の意義……内川　寛　154
　　　遠距離被爆者の急性症状を直視せよ……菅　一雄　156
　　　矢ヶ﨑証人尋問の成果……板井俊介　159
　　　被爆者に国家賠償を……小野寺信勝　163
　　　あるべき認定条件について……中島潤史　165
　　　自己矛盾に陥った被告国……寺内大介　169
　　　司法の流れを推し進める判決を……久保田紗和　172
　　　急性症状は心理的影響ではない……加藤　修　174
　　　原告宮本喜一は原爆症である……田中裕司　175
　　　原告村上務は原爆症である……西　清次郎　177
　　　患者救済における司法の役割……国宗直子　179
　　　原爆症問題の解決のために……板井　優　180

　　　おわりに……中山高光　183

資料編　185

はじめに〜ノーモア・ヒバクシャのために

熊本原爆訴訟弁護団事務局長　寺内大介

　2011年3月11日の東京電力福島原発事故以来、「内部被曝」という言葉が新聞・テレビを飛び交い、すっかり日常用語になりましたが、熊本地裁に原爆症認定訴訟が提起された2003年当時、「内部被曝」は、あまり知られておらず、私たちも、さしたる知識を持ち合わせていませんでした。
　2000年の松谷訴訟最高裁判決を受けて厚生労働省が策定した「原爆症認定に関する審査の方針」は、従来の認定基準を踏襲し、爆心地から2km以内で被爆した者がガンになった場合くらいしか原爆症と認定しない代物でした。同方針では、爆心地から2km以遠にいた「遠距離」被爆者の外部被曝・内部被曝、原爆投下後、爆心付近に入った入市被爆者の内部被曝が無視されていました。
　内部被曝の危険性を解明した研究が少ない中、私たちは、熊本県内に在住する遠距離・入市被爆者を含む被爆者と非被爆者の病歴を聴き取ることにより、遠距離・入市被爆者の内部被曝による健康影響を疫学的に明らかにしようと考えました（プロジェクト04）。
　また、劣化ウラン弾が放出する放射性物質の内部被曝を研究されていた矢ヶ﨑克馬氏（琉球大・物理学）には、内部被曝のメカニズムと人体への影響をご証言いただきました。
　大阪地裁、広島地裁での原告全員勝訴にはじまる集団訴訟の流れを受け、熊本地裁では、原告32名中31名が原爆症と認定されるという貴重な成果を上げることができました。
　一連の判決を受け、厚労省は、爆心地から3.5km以内で被爆した者や、原爆投下後100時間以内に入市した者が、ガン、心筋梗塞、肝機能障害、甲状腺機能低下症等になった場合は、積極的に認定する方針に基準を緩和しました。

3.11以来、福島をはじめ全国で、内部被曝による健康影響を心配する声が根強くある一方、「ただちに健康に影響はない」「少しくらい放射線を浴びた方がかえって体にいい」などといった無責任な発言も横行しています。

国は、集団訴訟での連敗により、内部被曝の影響を無視した原爆症認定基準の変更を余儀なくされたにもかかわらず、原発事故による内部被曝の影響を真面目に考えているとは到底思えません。こうした中、原爆症認定訴訟の成果を広く伝えることにより、ノーモア・ヒバクシャを実現する力になればと思い、本書を出版することになりました。

第Ⅰ部「熊本原爆訴訟の経緯」を読めば、熊本原爆訴訟の全体像を把握することができます。

第Ⅱ部「裁かれた内部被曝」は、国が内部被曝の影響を無視する誤りが集団訴訟で徹底的に裁かれたことを明らかにしています。

第1章で、矢ヶ崎克馬氏は、内部被曝のメカニズムと危険性を概説したうえで、政府の"内部被曝隠し"を暴露しています。

第2章は、原爆症認定制度がいかに内部被曝を無視したものであるかを明らかにしたうえで、こうした国の誤りを暴いた熊本のたたかい、集団訴訟のたたかいと判決を概観し、原爆症認定のあるべき姿を提示しています。

第3章で、牟田喜雄医師は、内部被曝の危険性を医学的に明らかにしつつ、これを正面から認めた熊本地裁第1陣判決を紹介しています。

第4章は、原発事故に伴う内部被曝の危険性を、チェルノブイリと福島の経験から考え、原発の廃炉を求める訴訟の意義を訴えています。

第5章は、3.11後に熊本で開催されたシンポジウムのエッセンスを紹介し、水俣から福島に伝えるべき教訓を明らかにしています。

第6章は、新たに原爆症認定訴訟に加わった若手弁護士の対談です。

第7章は、医師と支援者による特別寄稿です。

第Ⅲ部は、熊本地裁で一番大きい101号法廷で行った意見陳述です。

第1章「原告の壮絶な訴え」を読むと、この訴訟の原動力は、被爆者の苛烈な体験と60年間押さえこんでいた怒りであったことがわかります。

第2章「代理人の訴え」を読むと、国がいかに原爆被害を無視した主張を繰り返してきたのかがわかります。

今回も、大畑靖夫さんには貴重な写真をご提供いただき、北岡秀郎さんには編集全般にわたってお世話になりました。この場をお借りして、お礼を申し上げます。
　本書とあわせて、原爆症認定集団訴訟記録集刊行委員会編『原爆症認定集団訴訟たたかいの記録』（日本評論社）、東京原爆症認定集団訴訟を記録する会編『原爆症認定集団訴訟が明らかにしたもの』（あけび書房）も、ご覧いただけたら幸いです。

　　　　　　　　　2012年7月　　熊本地裁第1陣判決5周年を前に

第Ⅰ部

熊本原爆訴訟の経緯

第1章　なぜ熊本で原爆訴訟を提起したのか

熊本原爆訴訟弁護団長　板井　優

1　熊本で原爆症裁判？

　熊本地裁に原爆症認定集団訴訟を提訴した後に、裁判官に面会した。最初に言われたのは、「どうして熊本で原爆の裁判ですか？」ということであった。水俣病、ハンセン病、川辺川などの裁判をいくつも提起したが、そのような質問を受けたのは初めてであった。原爆裁判は熊本とは関係ないのではないか、これが裁判所の疑問だったようである。
　もちろん、「熊本にも被爆者がいます。約2000人です。だから裁判したのです」と答えた。納得したかどうか分からないが、それからはそのような質問を受けなかった。
　熊本県は、江戸時代の相良藩（人吉・球磨郡）、天草天領（天草）、細川藩（その他の熊本）から成っている。有名な天草四郎の乱の時に天草の人たちが立てこもったのは、長崎は島原の原城である。現在でも天草の文化圏は長崎である。約2000人の被爆者の半分は天草在住である。まさに、陸の孤島ではなく、海はつながっているのである。
　天草に九州電力が原発を造るという話が持ち上がった特に、安田天草市長が原発反対と明言した。これに対し、潮谷義子前熊本県知事が「なぜそんなにはっきり言えるのですか？」と質問した。天草市長の答えは明確であった。「だって、天草には被爆者が大勢いるのですから」。
　長崎に原爆が落ちた日に、空襲で焼けた熊本市内の壺川小学校の運動場から山本あや教師はキノコ雲を見た。それが、軍国主義に凝り固まった女教師が「戦場に教え子を送るな」という思いに変わった瞬間だったという。後に彼女は、日教組の専従となり、新日本婦人の会の創立に参加する。
　ちなみに、熊本県の南端にある水俣からも長崎のキノコ雲が見えた。

箒
ほうきもと
本博昭水俣病被害者の会事務局長の話である。

2　水俣と原爆と

　熊本で原爆症認定集団訴訟を提起しないかという話を弁護士が聞いたのは、中山高光熊本県被団協事務局長からである。京都の尾藤広喜弁護士がこれまでのような個人の裁判ではなく水俣のように集団訴訟で認定制度を変えなくてはならないと訴えていたのを聞いて、熊本の弁護士たちに伝えたのである。尾藤弁護士は水俣病京都訴訟の中心人物の一人であり、それはどうにかしようということになった。

　その後、後の原爆症集団訴訟全国事務局長となる宮原哲朗弁護士が熊本に来て、国際交流会館の小判形の机の会議室で説明会があった。熊本の弁護士からは、水俣で国の大量切り捨て政策を変えさせたのは、医師団が統一（共通）診断書を作成し、これをもとに認定基準を変えて行く粘り強い闘いがあったことを紹介している。

　この統一（共通）診断書は、汚染魚多食の事実と手足の先の感覚障害があれば水俣病と判断できるとするもので、藤野糺医師が、不知火海（八代海）に浮かぶ桂島の漁民の悉皆
しっかい
調査を経て確立したものである。これが、10人弱の県民会議医師団の共通の診断基準となり、原田正純熊大助教授（当時）もこれを基に水俣病の診断を行った。

　そして、この統一（共通）診断基準は2000人を超える水俣病訴訟原告団の共通の診断基準となり、複数の症状の組み合わせを求める環境庁（当時）の判断条件と真っ向から対決することになるのである。

　水俣病訴訟弁護団は、この統一（共通）診断書をもとに最終準備書面に「水俣病の診断を確実にするもの」を書く。これは、個々の医師の医学的判断ではなく、集団としての医師の判断を明らかにしたのである。本来医師の判断は、その医師固有の判断である。しかし、水俣病で問題になっていたのは、国が作成し運営していた水俣病の判断条件であった。これを変えさせるのに、被害者側の医師集団の判断が明確にまとまっていたからである。

3　行政の根幹論

水俣では、1995年までついに国は、裁判所における和解協議に参加しなかった。国がその時に持ち出したのは、行政の根幹論であった。行政の根幹論とは何か、後に石原信雄内閣副官房長官は次のように述べている。

「水俣病の問題は行政としては大変つらい。国の責任とか法律論とかあるがそれよりももっとつらいのは、水俣病の認定は、政府の委嘱を受けた医者が当時の医学的知見に基づいて判定をした。その第三者機関が認定した人について補償をやっているわけですね。和解勧告を受け入れることは、水俣病患者ではありませんという機関の決定を否定することになる。今後、第三者機関に認定行為をお願いする場合に、その認定に不服な人が申し出たらいつでも覆されるという可能性が出てくるでしょう。大変な行政不信が起こる」(『AERA』1994年11月28日号)

要するに、行政は「ニセ患者」呼ばわりされた水俣病患者よりも御用学者の立場を擁護し、さらにその結果として、実は「大量切り捨て政策」の正当化を図っているのであった。水俣病では、この行政の根幹論を覆すことが出来なかった。

原爆症集団訴訟で行政の根幹論を覆すことが出来るのか。

まさに闘いの焦点であった。以下は、熊本における裁判の内容と考え方を述べたい。

第1次提訴行動
（2003年6月12日熊本地裁）

第2章　裁判の進行

弁護士　寺内大介

1　野口邦和証人尋問（放射線防護学）

　熊本では、証人尋問のトップバッターとして、野口邦和氏（日本大学歯学部）にお願いした。野口氏は、放射線防護学の専門家で、すでに、札幌地裁（安井原爆訴訟）で証言された経験もお持ちであった。
　熊本では、これまでの放射線防護の研究成果をふまえながら、放射線の人体影響に関する国の考え方の誤り、とりわけ、DS86の問題点について、パワーポイントを駆使しながら批判された。

（1）DS86は中性子爆弾の能力検査のため

　まず、国が原爆症認定の基礎に使用しているDS86という線量評価方式は、もともと、70年代にアメリカで開発された中性子爆弾において、設計どおりに中性子線が出ているかということを検証する必要から、広島・長崎の原爆線量を利用したという経緯が明らかにされた。
　その際、1キロくらいまでの中性子線量が一致すれば目的を達成するので、残留放射線を軽視することにつながったのだと証言された。被爆者への人体影響を判断するためのシステムではなく、アメリカの爆弾の能力を確かめるためのコンピュータ・シミュレーションだったというわけである。

（2）DS86のソースタームは軍事機密

　DS86のもとになっている情報（ソースターム）はすべて軍事機密として公開されていない。すなわち、原爆の構造、材料などはもちろん、どういう方法で、どういう数値を入力して出された結果なのか一切明らかにされていないため、他の研究者による追試が不可能なのだ。にもかかわらず、

国は、このDS86のデータを信用しろというのである。

（3）DS86は実測値とあわない

DS86のソースタームが秘密にされていても、実測データと一致しているならば、まだ信用することもできるだろう。DS86の計算値は、爆心地から1キロ以内では実測値より高くなっており、逆に、1キロ以上では実測値より低くなり、2キロ以上になると桁違いに小さくなる。2キロ以上の被爆者が「放射線の影響なし」として切り捨てられるはずである。

（4）脱毛などの急性症状を説明できない

DS86は遠距離ほど放射線量を過小評価しているから、2キロ以遠の被爆者に発症した脱毛等の急性放射線障害を説明できない。

これに対し、国は、「放射線の影響ではなく、ストレスでも脱毛は起こるのではないか」などと反対尋問した。

しかし、野口証人は、「被爆距離が遠い人や、コンクリート建物の中にいた人で脱毛率が減ることからすると、被爆との関連を疑うのが、最も科学的ではないのか」と、すかさず反論された。

（5）原発の放射能漏れ

東日本大地震後、政府は、福島第一原発から20キロ以内の住民に避難指示を出したが、「爆心地から2キロ以遠では人体影響はない」という国の主張とどのように整合するのであろうか。

しかも、原発事故の調査では厳重な放射線防護服を着用しているのに対し、被爆者は夏の薄着でもろに被爆したのである。

2　矢ヶ﨑克馬証人尋問（物理学）

野口証言では、国の現在の認定基準が、原爆被害の実態にそぐわないことを余すことなく明らかにした。そこで、次に、私たちは、それは、国が残留放射線の内部被曝の影響を無視しているためであることを明らかにし

ようと考えた。

　矢ヶ﨑氏は、物理学の立場から、放射線の内部被曝の影響を研究され、劣化ウラン弾の人体影響についても論文を発表されていた（『隠された被曝』新日本出版社、参照）。

（1）内部被曝の危険

　矢ヶ﨑証人は、まず、原爆放射線のうち、爆発直後に放出されるガンマ線と中性子線（初期放射線）は、おもに身体の外部から人体を貫く外部被曝の影響を考慮する必要があること、これに対し、その後、広い範囲に降り注いだ放射性降下物に含まれるアルファ線やベータ線が、呼吸や飲食を通じて体内に留まり、内部から人体に影響を与える内部被曝は、外部被曝とは異なるメカニズムがあることを明らかにされた。

（2）DNA切断による発ガンのメカニズム

　そして、放射性物質が体内のある臓器に留まった場合、一定の箇所（ホットスポット）に集中的に影響を与える結果、人間の身体にとって最も重要なDNAが損傷され（二重鎖切断）、修復できなかったDNAが異常細胞となり、発ガンの原因になったりする。

（3）爆心から離れたところで大量のフォールアウト

　続いて、爆発後、地上に降り注ぐ放射性微粒子は、気流の関係で、爆心地付近よりむしろ離れたところでたくさん降り注いだことを、自身が作成された図を使って明らかにされた。

（4）台風の影響をふまえないDS86

　DS86が使用している残留放射線の測定値は、原爆投下後、48日経過後になされたものであり、1945年9月17日の枕崎台風の洗礼を受けた後であること、しかもこれを補正せずに使ったことを国も認めていると指摘された。このように初期設定が間違っているので、残留放射線の推定線量が過小評価されていることが明らかになった。

（5）原爆投下後の行動などを丁寧に見ることが大切

　最後に、内部被曝の影響を科学的に評価するためには、被爆者がどこにどのくらいいたか、そのときの健康状態、体格などを丁寧に見て判断する必要があるとされた。

（6）福島の原発事故と原爆被害

　福島原発事故後、放射性物質の内部被曝による健康影響を考慮し、野菜や魚介類の摂取に規制がなされたが、被爆者にはこのような規制はなく、生き延びるため、そこにあるものを食べ続けたのである。

3　長崎現地検証

（1）裁判官が長崎に行くまで

　この裁判では、原告ら被爆者の病気が原爆放射線の影響であるかどうかが争われた。その判断に際しては、被爆者が原爆投下時にいた場所はもちろん、その後の行動経路も重要である。原爆投下後に爆心地付近に家族を探しに行ったり、ケガ人を救助したりする際に残留放射線を被曝している可能性が高く、この影響を無視しては原爆放射線の影響を正しく評価できないからである。

　私たちは、裁判官が、法廷の中で地図を見て確認するだけでなく、原爆が投下された現地に足を運び、当時の写真や地図などと照らし合わせながら原告らの話を聞くことが、被爆の実相に接近する上で重要なことだと考え、長崎での現地検証を申し立てた。

　これに対し、国は、「被爆当時と今は様子が変わっている。検証ができるのか」などとして、これに反対した。

　しかし、熊本では、これまでも現地検証を行い、それが問題の解決に大きな役割を果たした経験があった。水俣病の裁判では、チッソのアセトアルデヒド製造工場を検証した。川辺川利水訴訟では、国がダムから水を引こうとしている農地を検証した。ハンセン病国賠訴訟では、患者・元患者

> ## 原爆症認定訴訟
> ## 初の被爆地検証
> ### 長崎　裁判長ら30人参加
>
> 原爆症認定を却下された県内の被爆者らが国の取り消しなどを求めている訴訟で、熊本地裁の永松健幹裁判長らは25日、広島、長崎など全国の12地裁（原告168人）で起こされている一連の原爆症認定訴訟で、被爆地の現地検証を行った。東京、長崎市で現地検証を行ったが、被爆地での現地検証は初めて。
>
> 原告側は検証の目的について、原告のがんなどの疾患に、直接被爆に加え、残留放射線を含んだほうやちりなどを吸い込んだことによる内部被爆が影響していると、裁判官に体感してもらうためとしている。
>
> 検証には裁判官3人、原告ら合計約30人が参加。原告側は長崎市街地が見渡せる南市の稲佐山を検証の起点に選び、原爆投下直後にたどった経路や状況などについて、パネルや使料館では長崎原爆資料館で爆風、放射線による熱線、爆風、放射線の物や人的被害について立証した。
>
> 14歳の時、勤めていた稲佐郵便局で被爆した原告の坂口和子さん(74)（八代市日奈久竹之内町）は、稲佐山観光ホテル屋上で「電報を送り終えた時、ピカッと光るのと同時に爆風で体が吹き飛ばされた数時間後、自宅へ帰るため、がれきのなか外人墓地を通って稲佐ほかは不知」などと反論を繰り返した。また、平和公園内の爆心地と長崎原爆資料館では「裁判官には内部被爆が爆心地から4キロ以上離れた所にも及んだ」と立証した。
>
> 一方、国側は「原告の被爆の事実は認めるが、その威力は、「相当違い距離にあっても、当然人体にも多大な影響を与えた」と立証した。
>
> 検証後、板井優弁護団長は「裁判官には実態をよく理解してもらえたと思う」と話した。
>
> 写真を使い、当時の状況を説明する弁護士（奥）ら（長崎市の稲佐山観光ホテル屋上で）

「読売新聞」2005年11月26日

が長年にわたって隔離されてきた菊池恵楓園を検証した。いずれの裁判でも、裁判官が現実に被害の現場に足を運ぶことで被害に接近し、問題解決に大きな役割を果たした。

　私たちは、このような例を挙げながら、原爆投下から60年経過しても変わらないものもあるし、現地に行くと行かないとではリアリティが全然違うとして何度も検証を求めた。そして、原告や支援者とともに、採用までに3度、採用後に2度、長崎を訪れ、長崎の被爆者の協力も得ながら検証の準備を進めた。その甲斐もあり、裁判官は、国の反対を押し切って、長崎の現地検証を決定した。

（2）長崎現地にて

長崎では、①稲佐山観光ホテル、②西坂公園、③爆心地公園、④原爆資料館の4カ所で被爆状況を検証した（詳細は、『原爆症認定訴訟』花伝社を参照されたい）。

長崎現地検証は、裁判所の中に閉じこもって論争しているだけでは体得できない臨場感を裁判官に抱かせ、60年前の被爆の事実に接近するうえで有意義なものとなった。

同時に、低調だったマスコミの関心を引き、その後の世論構築にも大きな役割を果たした。

4　聞間元証人尋問（医師）

弁護士　中島潤史

弁護団は、国の認定基準の誤りを明らかにする一方で、あるべき認定条件（原爆症をどのような基準で認定すべきか）については、「原爆症認定に関する医師団意見書」を書証として提出した。

この医師団意見書は、臨床医として、長年にわたって被爆者の診療に当たってきた全国の医師11名が、その臨床経験や原爆症に関する医学論文を精査して、共同討議を経てとりまとめたものである。その作成責任者が、静岡県の生協きたはま診療所所長であり、当時、全日本民医連被ばく問題委員会委員長であった聞間元医師である。

聞間医師の証人尋問は、熊本訴訟に先立ち、東京訴訟で実施され、被爆者の疾病には、原爆放射線の影響の可能性を排除することはできないこと、厚生労働省の被爆者行政は、放射線被曝による人体影響を正確に把握した上で行われていないことなどの証言がなされていた。

熊本訴訟では、さらに「あるべき認定条件」の医学的意義や、疾病ごとの原爆放射線の影響について明らかにする目的で、聞間医師の証人尋問を実施した。

（1）原爆症の認定における基本姿勢

　原爆による被曝は、被曝線量が計算可能な医療放射線の照射による局所的な影響とは違って、どれだけ浴びたのかをはっきり計算できない、全身的な影響を与えたと考えることから出発すべきである。

　爆心地から何キロ、何歳で被ばくしたかという線引きをするやり方ではなく、被爆後まもなくの健康状態はどうだったか、その後同年齢の人々と比較して虚弱であったか、いくつもの疾患が重なって出てきていないか、などを総合的に勘案して判断すべきである。

（2）放射線の影響を受けたことを推定させる事実

　放射線の影響を受けたことを推定させる事実としては、近距離被曝の事実だけでなく、黒い雨や火災煙を浴びたり、死体や瓦礫の処理を行ったり、汚染された食物や水を飲食した事実（放射性微粒子などによる外部被曝・内部被曝）や、原爆で崩壊した建物の周辺を歩き回ったりした事実（土壌やコンクリート、鉄骨などからの誘導放射線の被曝）などが重要である。

　原爆放射線のエネルギーは、初期放射線よりも爆発の1分以降に発生する残留放射線の方が2倍も大きい。この存在を無視するDS86はかなり限定された線量だと考える必要がある。

　また、被爆後の急性症状、熱傷やケロイド、その他被爆後数年内に発見された白血球減少症等の疾患があることなど、その症状から原爆放射線の身体への影響を推定できる事実もある。

　被爆後60年も経って記憶のはっきりしない者もいるので、被爆位置や状況から急性症状を推定することも重要である。

（3）原爆放射線によって発生する可能性のある負傷又は疾病

　ガン疾患については、他に有力な原因がない限り、すべて原爆放射線によって発生する可能性のある疾患と考えるべきである。

　統計上有意差が現れていないガンもあるが、それは、発生数が少なく有意差が出にくいこと、いわゆるガン年齢に達して初めて有意差が出てくる

場合があること、放射線影響研究所（以下、「放影研」）の調査対象の中には入市・遠距離被爆者が含まれていて、有意差が出にくい調査形態となっていることなど、さまざまな理由が考えられる。現在有意差が認められないからといって、放射線と無関係の疾患というわけではない。

ガン以外の疾患についても、放影研の成人健康調査（AHS）第6報以降、放射線との有意な関係が認められる疾患が増加している。つまり、調査期間が延長されるにつれ、有意差のある疾患の増加が認められる。

これは、放射線被曝が、加齢による疾患の罹患や重症化を加速していると考えられ、本質的には、ガン疾患の増加の場合と同じである。

白内障、心筋梗塞等の循環器疾患、肺疾患、消化器疾患、造血機能障害、甲状腺機能低下症等は、いずれもこれまでの疫学調査の結果などを踏まえて、放射線起因性について十分根拠あるものである。

肺疾患については、通常、ガン以外の呼吸器疾患の死亡は急性の肺炎や呼吸不全によるものであるが、こうした背景に、肺気腫や慢性気管支炎、肺線維症などの基礎疾患が存在している。したがって非結核性の肺炎の死亡率に線量関係があるのであれば、その背景にある肺気腫や慢性気管支炎にも放射線起因性が否定できない。

なお、これ以外の疾患には放射線起因性が認められないという趣旨ではない。今後の調査結果などによっては、新たに放射線起因性が認められる疾患が追加される可能性がある。

5　牟田喜雄証人尋問（医師）

熊本原告32名のうち31名の被爆者が原爆症と認定されたが、最大の功労者は、牟田喜雄医師（くわみず病院附属平和クリニック）と言っても過言ではない。

牟田医師は、後述する"プロジェクト04"で中心的役割を果たされたうえ、熊本原告の全員について詳細な意見書をまとめ上げ（本文だけで総数341頁、添付資料は倍以上）、御証言いただいた。

牟田意見書の特徴は、原告各自の被爆状況を丁寧にふまえたうえで、放

影研の報告を含む最新の医学的知見に基づいて、申請疾病の放射線起因性を論じられた点である。資料が少ない疾病については、自ら医学文献を翻訳し証拠化もしていただいた。

熊本地裁が、変形性脊椎症や糖尿病などバラエティに富む疾病について、広く原告勝訴の判決を言い渡した背景には、牟田医師の献身的な努力があったのである。

第1陣判決においては、牟田意見書の引用は謙抑的であったが、第2陣判決では、牟田意見書が有力な医学的証拠として正面から採用されていたことを付言しておきたい。

6 "プロジェクト04"

熊本原爆症訴訟は、"プロジェクト04"抜きには語れない。

"プロジェクト04"とは、熊本在住の被爆者と非被爆者の60年間の病歴を対比することにより、被爆者が罹患しやすい疾病を明らかにしようとした健康調査である。2004年に取り組んだので"プロジェクト04"と名付けられた。

聴き取り調査をするボランティアスタッフ

水俣病訴訟では、"不知火海沿岸1000人検診"に取り組み、水俣病問題の解決に大きな力となった経験があった。これは、医師・看護師のほか、弁護士や支援者が一体となって取り組んだものであった。ノーモア・ミナマタ訴訟でも、"不知火海沿岸1000人検診"が勝利和解の力となった。
　川辺川利水訴訟では、ダムから水を引く事業に同意したかどうか、流域2000世帯を訪問して聴き取り調査をし、福岡高裁での逆転勝訴判決の原動力となった。この調査は2001年に行ったので、"アタック2001"と名付けられた。
　今回も、被爆者、弁護士、医師、支援者が一堂に会して知恵を出し合い、「水俣病のように調査をしよう」と決めたのである。
　当初は9ヶ月で終わる計画であったが、「裁判所や国を納得させるためにはそれなりの数がないとダメだ」と考え、期間を延長し、1年がかりで被爆者300名、非被爆者600名の調査をやりきった。
　毎週土日にくわみず病院をお借りし、被爆者、弁護士はもちろん、熊本民医連の医師・看護師をはじめ、延べ500名を超えるボランティアスタッフに手弁当で参加していただいた。調査のまとめと分析には、牟田喜雄医師と積豪英医師に大変お世話になった。
　調査の結果、遠距離（3キロ以遠）・入市被爆者の65％に急性症状が確認されるとともに、ガンはもちろん、甲状腺疾患、肝機能疾患など多くの疾病に被爆者が罹患しやすいことが明らかになった。
　これらは、裁判の証拠として提出し、勝訴判決の原動力になった。

平成17年(2005年)8月12日 金曜日　熊本日日

広島、長崎の入市被爆者ら
がん発症 一般の2倍超

県内医師健康調査　原爆症訴訟で提出へ

原爆投下から二週間以内に広島、長崎市に入った人（入市被爆者）や爆心地から二㌔以遠で被ばくした者が、同年代で被ばくしていない人に比べ、がんや白血病などの発症者数が多いことが十一日、県内の医師らが実施した聞き取りによる健康調査で分かった。原爆の放射線に起因する疾病については、厚生労働省が「原爆症」に認定して医療特別手当を支給している。現行の認定基準は、爆心地からの距離で被ばく線量を推定しており、二㌔以遠の被爆者らは申請却下が相次いでいる。

調査は、県内の医師二十六人と弁護士らが昨年六月から今年三月まで実施。県原爆被爆者団体協議会の協力要請に応じた県内に住む五十八歳以上の被爆者二百七十八人（男百六十二、女百十六）を対象に、爆心地から二㌔以上の遠距離・入市被爆者と爆心地からの非被爆者を比較した。対象のうち、爆心地から二㌔以遠の被爆者と入市被爆者は計二百二十人。この中で被爆者に多いとされるがんを発症したのは男女合わせて四十六人で二・五倍、肝機能障害が四十六人で二倍になるなど計八類型でそれぞれ非被爆者の二倍を超えた。

一方、被ばく直後の急性症状についても、一九四五（昭和二十）年十二月までに下痢や脱毛、歯ぐきの出血、紫斑などの症状が出た人は、65%に上った。その他の疾病の発症者数も変形性脊椎（せきつい）症が八十二人で四・三人で、二十一人だった非被爆者の二倍を超えた。非被爆者には発症がなかった白血病も、七人だった。

認定行政の矛盾浮き彫り

県内被爆者の健康調査することは否定できず、原爆症認定行政の矛盾を浮き彫りにしている。

現在の認定基準では、遠距離・入市被爆者の申請がほとんど却下されないためだ。被爆地に残った放射線を含む雨やほこり、飲食などによる被ばくの影響がほとんど反映されておらず、がんなどの発症率比較には問題があるとの指摘がある。

たしかに、今回の調査も対象人数が少ない上、聞き取り方式のため、病状把握が十分ではないなどの弱点がある。

しかし、放射線の被ばく量を推定し、疾病ごとに原因確率を機械的に算定する現行の認定手法は、残留放射線の影響を過小評価してはいないか。被爆者は高齢化し、病気に苦しんでいる。救済のためには、被ばくの影響を広くとらえる視点も必要だろう。

（田口貢一朗）

原爆症の認定をめぐっては、熊本など全国十三地裁で申請却下処分の取り消しを求める集団訴訟が係争中。熊本訴訟の弁護団は今回の調査を証拠提出することにしている。

（渡辺哲也）

「熊本日日新聞」2005年8月12日

第3章　熊本訴訟の概要

弁護士　板井　優

1　第1次第1陣熊本地裁判決

2007年7月30日、熊本地方裁判所（石井浩裁判長、堂園幹一郎、向井敬二）は21人中19人を原爆症と認定する画期的な判断を下した。

この判決直後の8月5日には、安倍晋三首相（当時）が、従来の「審査の方針」の見直しを指示する。これは、2006年5月12日の近畿判決以降続いた全国の勝訴判決の連弾の成果であった。こうして、行政の根幹論は原爆症認定集団訴訟では維持が困難となったのである。

「新しい審査の方針」に関しては別項で詳しく論じられることになるが、問題はこれにより、原爆症の認定基準が劇的に変えられたことである。水俣病の闘いでは、大量切り捨て政策を転換させることは出来たが、認定制度そのものを転換させることはできなかった。この点は高く評価されなければならない。

第1陣判決（2007年7月30日）

2　第1次第2陣熊本地裁判決

2009年8月3日の熊本地裁判決は、11名全員勝訴を勝ち取った。そしてそれまでに連弾された判決を基に、同月6日、麻生太郎首相（当時）は、原告全員救済法や大臣協議を内容とする確認書を被団協との間で締結した。これは、大きな成果であった。

第2陣判決（2009年8月3日）

3　第1次第1陣福岡高裁判決

2009年11月30日、福岡高裁は一審で棄却された2人中1人について原爆症だとする逆転判決を下す。この判決も含めた全国の判決の連弾を受けて、国会は、同年12月1日、原告全員救済法を実現させている。

4　熊本判決とは

熊本も含めた原爆症認定集団訴訟の課題は、まさに大量に切り捨てられている全国の被爆者を原爆症として大量に救済する仕組みを作ることにあったと言ってよい。その意味で、熊本判決は、全国の判決と同様、その歴史的な任務を果たすことが出来たと思う。

「西日本新聞」2009年8月4日

「朝日新聞」2009年8月6日

5　第2次訴訟提訴

　熊本では、2011年1月13日、5人の被爆者が原爆症認定を求めて裁判を提起した。
　この間、安倍首相（当時）は従来の審査の方針の見直しを命じ、2008年3月17日、「新しい審査の方針」が策定され、同年4月から施行された。
　さらに、2009年8月6日、麻生首相（当時）は、被団協との間で原告全員救済法や大臣協議を内容とする確認を交わしている。そして、同年12月1日には全員救済法が国会で成立し、2010年1月14日には、第1回厚生労働大臣協議が開催されている。
　しかしながら、裁判の場では、従来の審査の方針に固執する御用学者たちが「新しい審査の方針」を非難し、厚生労働省もこれらの学者を放置している。要するに、行政の根幹論をめぐって、一種の二重権力が残されているのである。こうした中で、第1回大臣協議が行われたが、その後は認定よりも棄却という流れとなった。
　こうした中で、原爆症認定制度在り方検討会がもたれているのである。
　この検討会が巻き返しを許すのかどうかも含めて、原爆症認定をめぐる闘いは、被爆者がいる限り闘い続けられるであろう。

第2次訴訟提訴（2011年1月13日）

熊本訴訟の経過【年表】

2003年	6月12日	第1陣6名提訴（以後2005年12月22日までに計21名提訴）
	9月4日	第1回口頭弁論
2004年	2月6日	第4回口頭弁論〜ビデオ「ヒロシマナガサキ」上映
	10月15日	第8回口頭弁論〜野口邦和証人尋問
	12月22日	第9回口頭弁論〜矢ヶ﨑克馬証人主尋問
2005年	2月18日	第10回口頭弁論〜矢ヶ﨑克馬証人反対尋問
	6月23日〜10月7日	第12〜14回口頭弁論〜原告本人尋問
	11月25日	長崎現地検証
2006年	2月10日	第15回口頭弁論〜牟田喜雄証人主尋問
	5月16日	第2陣1名提訴（以後2007年10月15日までに計13名提訴）
	5月29日	第16回口頭弁論〜牟田喜雄証人反対尋問 〜聞間元証人主尋問
	8月24日	第17回口頭弁論〜原告本人尋問
	10月5日	第18回口頭弁論〜聞間元証人反対尋問
	12月25日	第19回口頭弁論〜第1陣結審
2007年	7月30日	第1陣原告（21名）に対する熊本地裁判決
	8月10日	被告ら福岡高裁に一部控訴
	8月13日	原告ら福岡高裁に一部控訴
	8月24日	第2陣第1回口頭弁論
2008年	2月18日	福岡高裁第1回口頭弁論
	6月26日〜12月15日	第2陣第7〜10回口頭弁論〜本人尋問
2009年	1月19日	福岡高裁第6回口頭弁論〜牟田喜雄証人尋問
	3月30日	第12回口頭弁論〜第2陣結審
	5月11日	福岡高裁第7回口頭弁論〜結審
	8月3日	第2陣原告（13名）に対する熊本地裁判決
	8月18日	国控訴せず熊本地裁判決確定
	11月30日	第1陣原告（21名）に対する福岡高裁判決
	12月15日	原被告とも上告せず福岡高裁判決確定

第Ⅱ部

裁かれた内部被曝

第1章　内部被曝とは何か？

琉球大学名誉教授　矢ヶ﨑克馬

1　放射線の危険性

　核分裂をする原子や核分裂でできた原子から出てくる放射線は、原子の真ん中にある原子核から出てくるビームです。大変エネルギーが高いので放射線が当たると、当てられた原子内の電子が吹き飛ばされてしまいます。電子を吹き飛ばす作用は、放射線が人に当たる場合も、動植物に当たる場合も、命の無いものに当たる場合も共通に現れます。地球上のほとんど全てのものは原子が結びついて分子と言われる組織を作っています。人間の体も生命のいろいろな働きをする様々な分子から成り立っています。放射線が分子に当たると、原子と原子を繋げている電子が吹き飛ばされるので、分子が切断されてしまいます。分子が切断されることが、放射線の危害の根本です。

　原子（図では黒丸中心の３重円）と原子が結びついたものを分子といい

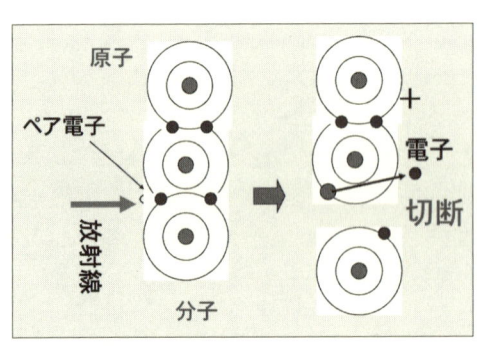

図１　放射線と分子切断

ます。実際の分子は非常にたくさんの原子から成り立っていますが、ここでは原子を３個だけしか書いていません。原子と原子の結合は電子（図のアミ丸）がペアになることによります。放射線はペアになっている電子を吹き飛ばすのでそこで分子は切断されます。

2　分子が切断されるとどのような危害が生じるか？

　まず第一は分子切断そのものによる危険です。

　たくさん分子が切断されると命を支える生命組織がうまく働かなくなり、生命機能が果たせなくなる危険が生じます。急性症状といって、典型的には、脱毛、下痢、出血、紫斑（紫色の斑点が皮膚に現れる）等が生じます。放射線量が多く、切断される分子が多いと死に至ります。さらに、病原体、毒素等の異物を排除しようとする生体防御機構の免疫力が低下します。感染症等に罹りやすくまた治りにくくします。この危険は感染症やがんなどの発生率と比較するのは誤りで、相乗的に作用するので注意が必要です。

　第2は生命体の修復作用で、切られた分子を再結合して生き延びるときに生じる危険です。

　再結合するときに遺伝子が間違って繋がってしまい、その遺伝子を持つ細胞が生き延びた時に生じる危険です。これを遺伝子変成と呼びましょう。遺伝子変成の危険は、分子の切断されたところが密集してできるような被曝状況で大きくなります。内部被曝（後出）では特にこのような危険が増大します。この遺伝子の変成が数十回繰り返されるとその部位がガンに発

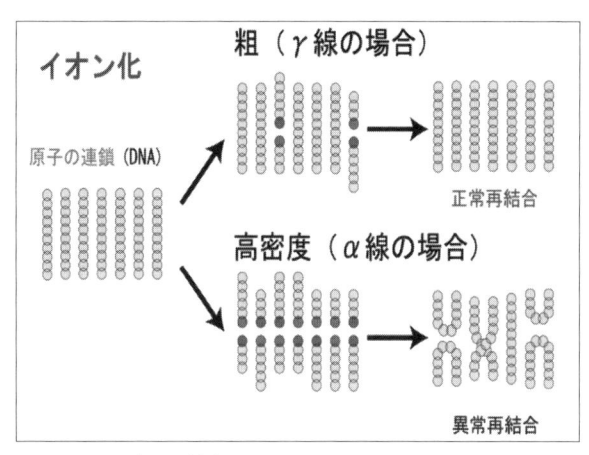

図2　イオン化と再結合

展するといわれます。これには時間がかかりますので、**晩発性障害**と呼ばれています。さらに、生まれる子どもに組み替えられた遺伝子の不安定さが伝わってしまう危険があります。

　分子が切断されることは全て危険です。安全な限度値はありません。被曝から最大限に防護することが必要です。

　図２は原子が連なった分子を簡略化して書いています。上の図はガンマ線が当たった場合で、一本の放射線が分子切断を疎らに行います。切断されたところでの周囲は健全な分子がつながっていますので、生命作用としての再結合が間違いなく行われる確率が高いものです。下の図は一本のアルファ線の場合の分子の切られ方を示しています。原子炉から放出された放射能の埃にはたくさんの放射性原子が入っていますので、半減期の短いベータ線を出す場合もアルファ線と同様な状態をもたらします。切断の場所が密集していて、ひとつの切断された分子の周りの分子も切断されていますのでつなぎ間違うことが多いのです。

3　内部被曝と外部被曝
　　　――人工放射性物質による内部被曝の危険性は外部被曝や自然放射能の危険より大きい

（１）外部被曝と内部被曝
　外部被曝は放射線が体の外から来た場合の被曝です。内部被曝は放射性物質を飲み込んだり吸い込んだりして、放射線が体の中で発射される被曝です。

原子炉からの放射能物質（人工放射能）
　東電福島原発事故で放出される放射性物質は人工放射能と呼ばれ、微粒子になっています。この微粒子は目には見えませんが、たくさんの原子が集まっているものです。1000分の1mm直径の微粒子でおよそ１兆個の原子が入っています。１万分の1mm以下の微粒子は血液やリンパ液に乗って体中に運ばれ放射線を出し続けます。人工放射能による内部被曝は特有の非常に大きな危険をもたらします。

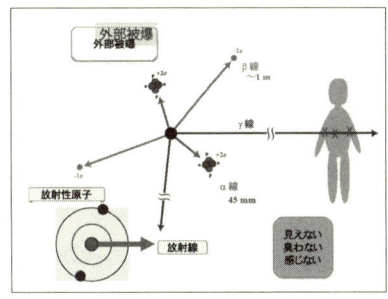

図3　外部被曝　放射性の微粒子（埃）は直径が1000分の1mmでも約1兆個の原子が集合している

図4　内部被曝

（2）人工放射能特有の危険

　放射性微粒子からたくさんの放射線が継続的に発射されます。アルファ線とベータ線の飛ぶ距離が短い「被曝の局所性」も特有な危険をもたらします。微粒子の周囲に「場所的には局所的で密集し、時間的には頻発する継続した」分子切断がもたらされるから危険なのです。分子切断が密集していると遺伝子のつなぎ間違え（発がんや子孫への悪影響の元）を多発させます。この局所的に密集し頻発的で継続した分子切断は、外部被曝や自然放射能の被曝ではありえない危険なものです。

（3）外部被曝は相互作用の低いガンマ線による

　外部被曝は主としてガンマ線によります。ガンマ線は距離当たりの分子切断が少ないので遠くまで飛ぶのです。ガンマ線の被曝は体全体、臓器全体に及びますが、分子切断の密度は極端に小さく、同じエネルギーのアルファ線とベータ線と比較して、危険度がずいぶん小さいものです。図2の上の図がガンマ線の場合、下の図がアルファ線とベータ線の場合です。

（4）内部被曝の場合のアルファ線・ベータ線の特別の危険

　人工放射性物質の内部被曝の場合は、放射性原子が大きな集団を成し、継続した被曝を行うことと、アルファ線、ベータ線物質との相互作用が大きく、飛程が短いことにより、特別の危険を生みます。とりわけ内部被曝

で危険が大きくなるのがベータ線被曝です。

ベータ線は主として核分裂で生成した原子が出します。これらは半減期が短く、最長の半減期でセシウム137あるいはストロンチウム90の約30年です。アルファ放射を行う核分裂物質の半減期に比べれば非常に短く、放射性微粒子からは多量のベータ線が放出されます。ベータ線による分子切断は非常に密度が高くなり、外部被曝よりはるかに危険性が増大しています。図5に示しますが、ベータ線による分子切断は、微粒子を中心とした半径1cmの球内に集中し、これを図5では黒球として示します。それより遠いところは被曝しません。この被曝の局所性はICRP的吸収線量計算ではカウントされないものです。ICRPは臓器ごとに最少計測単位を設定していますので、実際の被曝局所と臓器で平均化したものを比較すると1cm球内の吸収線量は臓器で平均化したものの約600倍となります。放射性微粒子を内部被曝した危険度は、一般に、外部被曝的に計測した場合の100倍から1000倍の危険度を持つとすべきです。

臓器内のベータ線を放出する微粒子
- 臓器：平均3キログラム：比重：1(g/cm3)
  モデル：半径9センチメートル球
- ベータ線の被ばく領域
  半径1センチメートルの球に
- 3kgに平均した吸収線量と
  1cm球内の吸収線量
  半径の比 9:1
  質量の比 650:1
  吸収線量比 1:650

図5　臓器内のベータ線を放出する微粒子

（5）自然放射線

　天然に存在する放射性物質は、放射性原子の微粒子は形成しません。人体の中の微量元素であるカリウムの中の放射性40は全カリウムの1万分の1、炭素14は1兆分の1です。また海水中のウラニウムも孤立しています。一個一個の放射性原子が放射性でない原子の中に孤立していて、お互いに遠く離れていますのでその分子切断は決して「密集して」いないのです。

　「外部被曝と内部被曝は『吸収線量』が同じなら同等の危険度」とか、「自然放射能がたくさんあるから人工放射能の被害はそれに比べて大したことはない」等は、完ぺきに間違っているのです。

4　なぜ内部被曝の危険性が原爆症認定制度において無視されてきたのか？

（1）内部被曝隠しは、隠された「核戦争」

　核戦略とは一般に、核兵器を製造し、実験し、配備を行うことなどを指します。もう一つ重要なのは、核兵器の巨大な破壊力を誇示する半面、核兵器の残虐な殺戮性を隠すこと、とりわけ、放射線の長期にわたる被害を隠すことです。とくに内部被曝がないものにされました。

　広島と長崎の惨劇を小さく見せること、隠してしまうことが初期の中心課題でした。次いで、原発が加わりICRPにより放射線の犠牲者を隠し続ける体制が完成しました。

　原爆投下後、日本は連合軍に降伏しましたが、降伏文書調印式取材に日本に入ったいくつかの国の特派員が、アメリカの監視を破って被爆地に赴き、その惨状をルポしました。例えば、『ロンドン・デイリー・エクスプレス』紙は、1945年9月5日付けで「（ヒロシマでは）現在でも住民の死亡者が増加しつづけている。怪我をしていない人々は、原子の伝染病としか表現しようのない未知の大異変に襲われている」と書き、放射線被曝で人々が亡くなっていくありさまを世界に告発しました。

　これに対してアメリカ政府はただちに対応を開始。9月6日に原爆製造のマンハッタン計画副責任者ファーレル准将を東京入りさせて記者会見を行い、「死ぬべき人は死んでしまい、9月上旬に於いて、原爆放射能で苦しんでいる者は皆無だ」と、先に発信された記事を全面否定しました。

　さらに9月19日には、アメリカ軍を中心とする対日占領軍が、一切の原爆被害の資料を軍管理下に置き、原爆被害報道をプレスコード（報道規則）により、報道できなくしました。広島・長崎の惨状は、これ以降、アメリカの占領が終了する1952年まで、世界から完全に隠されてしまいました。

　一方で被爆地では、内部被曝の犠牲者隠しが徹底して組織化されました。まずはじめは、ファーレルが残留放射能の影響を繰り返し否定し、ウォー

レンらの初動調査（45年9月8日〜）で「危険な程度の放射能は無かった」とし、それをアメリカの公式見解としました。次いで日本政府もそれに追随したのです。その「科学的粉飾を施した隠ぺい手段」は激烈な枕崎台風を利用して、「放射能の埃は無かった」したがって、「広島長崎の原爆では内部被曝の犠牲者はいなかった」と虚偽の世界を作ったことから出発しています。

　占領下でアメリカは原爆の効果、放射線の人体への影響の調査をはじめました。1946年末には原爆傷害調査委員会（ABCC）を発足させ、被爆者の大規模な調査に乗り出しましたが、このときも放射線被曝の実態、とくに内部被曝を隠すことが大きな目標として設定されました。そのためにABCCは、初期放射線だけが原爆の放射線だったとして、放射能の影響を爆心地から2kmに限定し、それ以遠の被爆者を非被曝者としました。これにより初期放射線に打たれた被爆者に対する「放射線の影響の無い」対照群として都合のいいデータを作り上げていったのです。

　ABCCは、アメリカがベトナム戦争に戦費を使いすぎて単独で維持できなくなり、1975年から日米合同組織に再編され、放射線影響研究所（「放影研」）と名前を変えて今も存続しています。日本政府もまた被爆者を踏みつけにして、アメリカの核戦略に加担したのです。

　このため被爆者は、長く苦しい時を過ごさねばなりませんでした。原爆という人類史上最悪の兵器による攻撃を受けながら、その後の生活援助も、医療保障も受けることができなかったのです。ようやく援護が始まったのは原爆投下から12年もたった1957年のことでしたが、内部被曝被害者を排除した被爆者認定を行ったのです。

　ABCC、放影研の行った寿命調査などの健康調査は、放射線を初期放射線とその誘導放射線（中性子線に照射されて放射化された原子から発する放射線）に限定し、深刻な被曝被害のあった2km以上の「被爆者」を被曝線量ゼロ集団として統計処理の対照群としました。1950年10月以前の死亡者を一切切り捨て、全被爆者の中の広島市・長崎市在住のものに限定した部分的被爆者群の調査を全被爆者の調査と触れこみました。それが放射線がいかに人体に影響するかの疫学的データだとして国際的に紹介され

たのです。

（2）ICRP体制

　戦後にアメリカでまず全米放射線防護委員会ができるのですが、そこに、原爆製造計画＝マンハッタン計画に参加した人物が多数参加し、そのままの陣容でICRPに発展していきます。組織の中には、全米放射線防護委員会の時代から、7つの分会が作られ、その2番目に内部被曝の研究組織が設けられたのですが、この分会は1951年までに秘密裏に閉鎖されてしまいます。こうして内部被曝を無視した体制が確立していったのです。

　イギリスでは1947年に「科学労働者連盟」が原子爆弾の即時廃棄を求める運動をはじめ、フランスでも同じ年に「科学者連盟」が、原子爆弾の先制使用を放棄することを求める運動を始めたり、1950年にアメリカが朝鮮戦争に突入し、トルーマンが核兵器の使用の可能性を声明したために、核兵器反対の運動が全世界にひろがり、なんと当時の世界人口の数割に達する5億人の署名が集まったりした世論に押されて、アメリカは核抑止・原発の維持にICRPを「戦略として利用」します。被曝に対する考え方をICRPの勧告に統一された戦略は「隠された核戦争」と言えます。

　ICRP体制の元では「1958年勧告」に、放射線のリスクは「原子力の実際上の応用を拡大することから生じると思われる利益を考えると、容認され正当化されてよい」という文言が盛り込まれました。

　とくに1986年に出された「放射線量評価体系」（DS86 Dosimetry System 1986）で公式に内部被曝がなかったとの宣言がなされました。ここで扱われた放射性降下物の線量測定に、長崎で被爆後48日目、広島で49日目のものが採用されたのですが、実はその前に戦後の三大台風の一つといわれる枕崎台風が両県を襲い、大洪水が起こっているのです。当然、放射性物質の相当量が流されましたが、DS86はこの事実を無視し、台風後の測定値からのみ、被爆直後を逆算し、放射性降下物の量としたのです。

（3）今こそ広島・長崎の経験に学んで

　私が2003年から参加した原爆症認定集団訴訟は、被爆者の方が、身を

張って原爆の悲惨さを訴えた「核兵器廃絶」の最前線に立つたたかいでした。内容としては、事実を偽って内部被曝を隠した権力犯罪の告発でもありました。裁判が始まった当時、認定された被爆者（健康手帳保持者）はおよそ27万人でしたが、そのうち放射線の影響で病になったと認められ、原爆症認定を受けている方は約2000人しかいませんでした。1％以下でした。ほとんどの被爆者の方たちが「あなたは放射線の被曝を受けていませんよ」とされていたのでした。

　その後、裁判は19連勝という圧勝を記録しましたが、それでもすべての被爆者が救済されたわけではありません。被曝した方々が、内部被曝で苦しみ、その後に「あなたは被曝などしていない」という扱いを受け、二重三重に踏みにじられていくことには終止符が打たれていません。

　裁判所は真実が何であったかを探求し、内部被曝を認める判決を致しました。残念なのは、政府やそれをサポートしている専門家が一切この結果を認めていないことです。この大切なことがらが十分に伝わっていないうちに、フクシマが起きてしまいました。

　福島を最初に訪れたときに、私は、広島・長崎の悲しみを繰り返してはならないとの思いでした。政府のこれまでの対応を見ていると、同じことがなされようとしています。それを許してはなりません。その意味で、今こそ広島・長崎の経験に学んで歩むことを訴えたいと思うのです。

第1陣判決前集会（2007年7月29日）

第2章　裁かれた内部被曝

［1］内部被曝を無視した原爆症認定制度

内川　寛

　原爆被爆者が、原爆による放射線が原因となって起こった病気やケガについて、医療を受ける必要があるときは、厚生労働大臣の認定を受けることで医療特別手当を受けることができる。内部被曝との関係で問題になるのは、その疾病やケガが、原爆放射線が原因となって起こった原爆症であると言えるかどうかである（放射線起因性）。この認定の基準として、厚労省は、「審査の方針」を定めている。この審査の方針が、実は内部被曝を無視しているのである。

　原爆放射線には、原爆が爆発して1分以内に放出される初期放射線と、その後に放出される残留放射線とがある。残留放射線は、①いわゆる「黒い雨」や「黒いすす」などの放射性降下物（フォールアウト）によるもの、②初期放射線の照射を受けた物質が誘導放射化して放射能を持つようになったことによるもので、被爆者の内部被曝は、これら放射性物質を体内に取り込んだことによる被曝であるから、残留放射線被曝の問題である。

　現在、厚労省の定める審査の方針では、残留放射線被曝との関係で放射線起因性を判断する基準として、次のように定めている。

　「(2)原爆投下より約100時間以内に爆心地から約2km以内に入市した者(3)原爆投下より約100時間経過後から、原爆投下より約2週間以内の期間に、爆心地から約2km以内の地点に1週間程度以上滞在した者」について、放射線起因性が推認される7種類の疾病について、格段に反対事由がなければ、放射線起因性があると認定する。これ以外は、「被曝線量、既往歴、環境因子、生活歴等を総合的に勘案して、個別にその起因性を総合的に判断する」。

これは、従前はほとんど考慮されなかった残留放射線について、平成20年になって、ようやく一定の限度で認定審査に反映するようにしたもので（平成21年に疾病を2種類追加）、その意味では厚労省も、残留放射線被曝を無視できないことを認めたものである。

　しかしながら、「爆心地から約2km以内」という地域の限定と、「約100時間以内」の入市者か、「約100時間経過後から2週間以内」に「1週間程度以上滞在」者に限定していることの意味は、内部被曝を評価したのではなく、誘導放射線による体外被曝を評価したものと言える。つまり、爆心地に近い方が、初期放射線による物質の誘導放射化作用が強いため、約2km以内であれば地面や建物等から放出される残留放射線量が強いものと決めて、その外部被曝による原爆症発症を認めたものと評価できるのである。

　内部被曝の影響を評価するのであれば、放射性降下物との関係で、爆心地から2km以内という限定は不当である。原爆の爆発によって、ウラン（広島）やプルトニウム（長崎）が核分裂反応を起こして様々な放射性物質が発生する。また、広島では、約60kgの高濃縮ウランのうち約850gが核分裂連鎖反応を起こし、長崎では約8kgのプルトニウムのうち約1210gがこの反応を起こしたもので、残りは未分裂のままであった。さらに、原子爆弾を構成していた物質も誘導放射化している。原爆が爆発したことで、これら放射性物質が大気中にばらまかれた。そして、高温の火球の上昇（いわゆるキノコ雲の形成）とともに上空に達し、風に流されて拡散しながら広がった。また、地面や建物が誘導放射化した放射性物質も、火災による上昇気流によって拡散して行った。これらが、黒い雨や黒いすすとして爆心地から2kmなどという範囲に限定されることなく、広範囲に降りそそいで来たのである。これらを呼吸や飲食あるいは傷口から体内に取り込んだことにより、内部被曝を受けることになるのである。

　さらに、2週間以内に1週間程度以上滞在という限定も不当である。例えば、クリーンアップ作戦で終戦後の9月23日になって長崎に入市したアメリカ海兵隊員は、がれきの後片付け作業等に従事しているが、後に

なって、彼らに多発性骨髄腫が多いことが指摘された。これがきっかけとなって、他の疾病も含め、アメリカ政府が一定の補償をすることになった。これは、内部被曝による原爆症と思われる。

　裁判における国の主張を見ても、原爆症の認定審査において、内部被曝を無視していることは国自身が認めている。熊本地裁に提出された平成23年4月18日付被告第2準備書面によれば、長崎の西山地区を除き、「考慮すべき内部被曝をもたらす線量が極めて少な」く、「内部被曝によって体内に取り込まれた放射性核種は、人体に備わった代謝機能により、体外に排出される」し、複数の研究成果によって「内部被曝の影響は人体の健康被害への影響という観点からは重視する必要がないものであることが実証されている」ので、内部被曝を重視する見解を採用した認定審査をすることは、「被爆者援護法の趣旨に照らして許されない」と断じている。

　そうすると、厚労省の定める審査の方針では、内部被曝に関しては、総合的判断による認定を受けるしかないことになる。しかもその場合、長崎の西山地区という限られた地域で生活していた者を除き、内部被曝は重視しない立場から審査を受けなければならないということになる。そういうことでは、内部被曝による原爆症患者を迅速に救済することはできないし、実質的に内部被曝を全く無視していると言わざるを得ないのである。

［2］内部被曝を暴いた「プロジェクト04」

弁護士　加藤　修

1　プロジェクト04（くまもと被爆者健康調査）について

　原爆症熊本弁護団と医師団、そして熊本の被爆者団体は、原爆の被害を明らかにするため、被爆後59年を経過した2004年から翌年にかけて被爆者の健康調査（プロジェクト04）を行った。

　この調査に参加した被爆者は、年齢58歳以上の熊本県在住者278名

（内男性162名、女性116名）であった。被爆者と比較対照する者として年齢58歳以上の非被爆者530名（内男性298名、女性232名）が調査に参加した。

これらの人々から被爆時の状況、被爆後現在までの疾患の状況（非被爆者については終戦当時の状況とその後の疾患の状況）などを聴き取った。

2　被爆者の被爆の状況

被爆態様別の対象者は以下の通りである。
・2km未満での被爆：男性22名、女性27名、男女計49名
・2km以遠での被爆：男性112名、女性74名、男女計186名
2km以遠での被爆のうち、
2km～3km未満　　49名
3km～4km未満　　84名
4km～5km未満　　34名
5km～12km未満　 19名
2km以遠での被爆かつ入市被爆：139名
入市被爆のみ：男性24名、女性10名、男女計34名
救護での被爆のみ：男性4名、女性5名、男女計9名

3　遠距離・入市被爆者の急性症状

2km以遠被爆または入市被爆のみの群（以下「1群」と略す）について、急性症状を示唆する症状があったと回答した者の数と比率を検討した。同様に入市被爆のみの群（以下「2群」と略す）について検討した。

1群220名のうち65％の者が何らかの急性症状を示唆する症状があったと回答している。多かった症状は、ひどいだるさ、下痢、食欲が出なかった、吐き気、発熱。12.7％の者が脱毛があった、2.7％の者が歯が抜けたと回答している。

2群34名のうち71％の者が何らかの急性症状を示唆する症状があっ

たと回答している。多かった症状は、下痢、ひどいだるさ、食欲が出なかった、吐き気、発熱、頭痛。8.8％の者が脱毛があった、2.9％の者が歯が抜けたと回答している。

このように、遠距離被爆者や入市被爆者の多数が急性症状を示唆する症状があったと回答している。

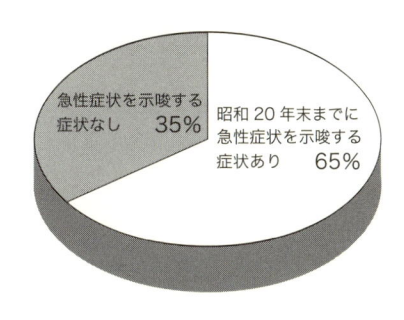

グラフ1　遠距離・入市被爆者の急性症状

（急性症状を示唆する症状なし　35％／昭和20年末までに急性症状を示唆する症状あり　65％）

4　被爆者と非被爆者での疾患の発生比較

（1）悪性腫瘍（癌）などの発症

2km以遠といういわゆる遠距離での被爆者または入市被爆のみの被爆者群について、男性および男女計で非被爆者に比して、悪性腫瘍（癌）の発症者数が約2倍多く、統計学的に有意であった。

入市被爆のみの被爆者群の男女計でも、非被爆者に比し、悪性腫瘍（癌）の発症者数が多く、統計学的に有意であった。

悪性腫瘍（癌）のなかでは、大腸癌、胃癌、肺癌、多重癌について、1群または2群の男性、女性、男女計のいずれかで、非被爆者に比し、被爆者の方が発症者数が多く、統計学的に有意であった。

とりわけ、多重癌に関して、1群の男性、男女計、被爆者全員の男女計で被爆者の方が非被爆者に比して多く、統計学的に有意であったことは注目される結果であり、多重癌が被爆者に多いことを示すものである。

（2）その外の疾患

悪性腫瘍（癌）以外の疾患についても、白血病等、肝機能障害等、火傷や外傷の瘢痕・ガラス片などの異物の体内残留、貧血・紫斑、糖尿病、脳出血等、心臓血管系疾患、白内障、手足や腰の疾患、変形性脊椎症、湿疹等皮膚の疾患、帯状疱疹について、1群または2群の男性、女性、男女計のいずれかで被爆者の方が非被爆者に比して発症数が多く、統計学的に有

意であることが認められた。

特に、帯状疱疹については、被爆者全員の男性、女性、男女計でも被爆者の方が非被爆者に比して発症数が多く、統計学的に有意であった。

帯状疱疹は、血液疾患、癌や免疫状態が低下するなどの誘因により、神経節に潜伏していたウイルスの再活性化が起こり発症するとされており、被爆者は非被爆者に比して免疫能が低下する機会が多いことを示すものである。

以上のことから、認定申請が却下される2km以遠でのいわゆる遠距離被爆者や入市被爆者にも無視できない被爆による後障害があることが推定された。

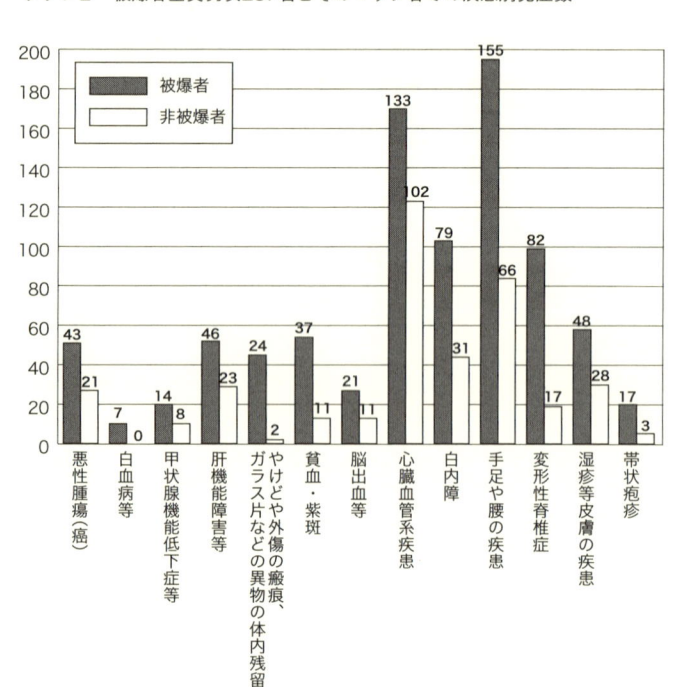

グラフ2　被爆者全員男女287名とそのマッチ者での疾患別発症数

疾患	被爆者	非被爆者
悪性腫瘍（癌）	43	21
白血病等	7	0
甲状腺機能低下症等	14	8
肝機能障害等	46	23
やけどや外傷の瘢痕、ガラス片などの異物の体内残留	24	2
貧血・紫斑	37	11
脳出血等	21	11
心臓血管系疾患	133	102
白内障	79	31
手足や腰の疾患	155	66
変形性脊椎症	82	17
湿疹等皮膚の疾患	48	28
帯状疱疹	17	3

5　内部被曝が与える深刻な人体への影響

2km 以遠での遠距離被爆者の初期放射線被爆線量は比較的小さいものと考えられるので、遠距離被爆者や入市被爆者に被爆による後障害があることが推定されることを説明するためには、初期放射線被爆の他に残留放射線による外部被曝・内部被曝を考えなければならない。

特に、内部被曝の α 線被曝は線量が小さく測定が困難であるが、α 線を放出する放射性微粒子がその周囲組織に与える線量は大きく、しかも長時間にわたる被曝となり、人体への影響は大きいと考えられる。

以上のとおり、プロジェクト04の結果は、内部被曝の人体に与える影響の深刻さを暴いたものである。また、汚染された食物に対する私たちの恐怖感の正しさを裏付けるものである。

［3］被爆者たちの内部被曝

弁護士　板井俊介

1　入市した被爆者たち

熊本で提訴した原告らは、主に長崎で生まれ育った者、軍人として広島、長崎で活動していた者、そして、いわゆる学徒動員により長崎の造船・兵器工場で働いていた者である。

長崎の爆心地である松山町から1km以内にいた者は、熱線によりその場で焼かれ、また激しい爆風により吹き飛ばされるなどして、その多くが命を落とした。しかし、1km以遠では大やけどを負い、爆風で飛ばされはしたものの、かろうじて生き残った被爆者がおり、それは爆心地から遠くなればなるほど多数存在していた。特に、熊本からの学徒動員の学生が多く働いていた三菱長崎造船所飽浦(あくのうら)工場は爆心地から約3km、特殊潜行

艇などを製造していたという三菱長崎造船所立神(たてがみ)工場は爆心地から4km に位置していたが、原爆炸裂時に爆心地から3～4km離れた場所にいた 者が、数日後に下痢や脱毛、あるいは脱力感に苛まれるなどの急性症状を 発し、後に、固形がん、慢性肝炎、多発性脳梗塞など、放射線の影響によ るものと思われる疾病に多く罹患したのである。

　これは、原爆が爆発した時には遠方にいた被爆者が、その後、爆心地付 近に歩いて出向き、その際に、誘導放射化した放射性物質が皮膚に付着し、 また、呼吸により吸い込み、あるいは、何らかの経緯で口から摂取するな どした結果、発生した現象であるとしか考えられないのである。

2　原告管玉時の例

　たとえば、第1陣原告の一人である管玉時(すがたまとき)は、熊本で 生まれ育ち、菊池の立門小学校高等科を卒業後、当時長 崎の三菱の工場の工員を養成する学校であった三菱工業 青年学校に入学し、ラグビー部に所属する健康な青年で あった。

　1945（昭和20）年8月9日、管は、爆心地から約4km離れた三菱長崎 造船所立神電気溶接工場において、見習いの工員として就業していた時に 被爆したという。原爆が爆発した時、管は、ちょうど午前の作業の休憩中 であり、工場の横にあった中庭で10名ほどの同僚工員と一緒に座って休 憩していた。管は、ピカッと光る光を見た後、爆音と爆風の衝撃を感じた ため、身の危険を感じ、10mほど走って裏山に掘られていた防空壕の中 に逃げ込んだ。その壕の中には、管を含め10名程度の工員がいたが、管 を含めた殆どの者が、その日の晩を壕の中で過ごしたという。

　管は、翌8月10日、三菱造船の工員の寮がある飽浦まで徒歩で帰った が、寮は破壊されていなかったので、朝から飽浦寮を出て、いったん三菱 長崎造船所立神工場に行き、そこから同い年くらいの工員10名ほどと 共に、浦上川を右手に見ながら歩き、爆心地付近を通って、爆心地から 1.3kmほど北にある三菱兵器大橋工場の後片付けに通った。

その後、管は、三菱長崎造船立神工場の指示により、特殊潜航艇溶接作業のために、立神工場の造船用ドック内で作業に従事していたが、作業従事中、身体がだるく食欲もなかったためドック内で寝ていることが多くなった。管は、このようにして被爆後、約1か月余り長崎にとどまっていたが、9月中旬頃、故郷である熊本に帰った。
　その後、管は、1949（昭和24）年頃に受けた健康診断で肝障害を指摘され、その頃から、皮膚に痒みや湿疹が出始めた。さらに、1991（平成3）年には慢性C型肝炎との診断を受けたというのである。
　管は、以上の被爆状況に基づき、慢性C型肝炎を申請疾病として原爆症認定申請を行ったが棄却されたため、本訴訟の第1陣原告となり、熊本地裁では放射線による影響が認められるとして勝訴し、福岡高裁でも勝訴したのである。

3　内部被曝問題こそが熊本訴訟のテーマである

　原爆の投下後、爆発しきれなかった放射性物質（いわゆる「死の灰」）が爆心地を含めた広範囲に降りそそいだことは間違いない。そして、舗装道路などほとんど無かった昭和20年8月ころ、ほとんどの被爆者が道路や瓦礫から舞い上がる放射性物質を含む多くの粉塵を吸い込み、放射性物質が付着した水や食物を体内に取り込むことによって、消化器や呼吸器内部に放射性物質が入り込んでいったものと考えられる。
　しかし、国の認定基準は、もっぱら原爆の炸裂当時に、初期放射線に曝されたか否かが問題とされ、内部被曝の機序を全く無視した一面的なものであった。
　現に生じた事実を説明できない論理は、科学ではあり得ない。この意味において、残留放射線による被曝、とりわけ、内部被曝の危険性と国の認定基準の非科学性を正面から告発する矢ヶ﨑克馬先生の尋問こそが、熊本訴訟において最大のテーマとなった。
　それまで、この内部被曝問題を詳しく知らなかった私は、2004（平成16）年12月の矢ヶ﨑克馬教授の主尋問を担当することになっていた。弁

護士登録前の司法修習生時代に、寺内大介弁護団事務局長から若干の原爆症訴訟に関する資料を貰っていたが、当時は、それほど重大なテーマであるとは知らなかった。そして、弁護士登録して2ヶ月の間、私は、自らの不勉強を恥じ必死で勉強した。すべての知識を総動員しても素人同然というレベルであったが、何とか「初めて聞く人にもわかりやすいように」心がけて尋問を行った。矢ヶ﨑先生の実直なお人柄と科学者としての信念の強さのお陰で何とか乗り越えることができた。

［4］内部被曝を無視した国の責任

弁護士　小野寺信勝

1　国の意見陳述

「法廷の柵を乗り越えて殴りつけてやりたかった」
「私と母の苦しみを厚労省の役人にも味わわせてやりたい」
　熊本地方裁判所101号法廷前の廊下で原告の櫻井琢磨さんは悔しそうにつぶやいた。
　国は、原爆症認定集団訴訟において、一貫して内部被曝による急性症状を否定している。国の主張は次のようなものだ。
　「遠隔地被爆者や入市被爆者であっても、被爆当時、吐き気や嘔吐、食欲不振、下痢、脱毛といった様々な身体症状を経験したと述べる者があるが、これらの症状は、被爆による急性症状ではなく、衛生環境や栄養状態の悪化、あるいは、被爆に起因する精神的影響によって引き起こされた」。
　国の指定代理人は、原告らの傍聴する中、原告らの急性症状は、原爆放射線被曝によるものではなく、当時の衛生環境や栄養失調、被爆に起因する精神的影響によって引き起こされたと述べたのである。

2　櫻井琢磨さんの人生

　櫻井琢磨さんは 8 歳のとき、長崎市新橋町にある爆心から 3.2km の自宅で母親とともに被爆した。軍人だった父は、この日、たまたま爆心地に近い三菱兵器大橋工場の護衛にあたっていた。父の帰りを待ち続けたが帰って来ない。

　櫻井さんは祖父とともに何日も爆心地付近に行き、父の姿を探し続けた。お腹が膨れた死体、黒こげの死体、川に頭をつっこんだ死体。生きた父と再会したい。その一縷の望みはおびただしい死体の山に打ち砕かれた。せめて父の亡骸を連れて帰りたいと思いながら、何人もの遺体の顔を一人ひとり確認したが、父の姿を見つけることはできなかった。

　櫻井さんは、幼い弟妹とともに母に連れられて長崎県五島の祖父の家に引っ越したが、ここで母が倒れた。髪の毛は抜け落ち、嘔吐と下痢、吐血を繰り返して、みるみる衰弱し、ついに他界した。遺体は骨と皮だけだった。

　櫻井さんも、発熱や嘔吐、下痢が続いた。母親を失ったことに加えて、小学校の同級生からは「お前の母さんは長崎で新型爆弾の毒ガスを吸い込んでああいう病気になったんだ」「病気がうつる」「お前も病気だろうが」といじめにあった。そのことに傷つき、誰にも被爆者であることを打ち明けることができなかった。

　中学校卒業後、土木作業等の仕事に就いたが、突然、ひどい吐き気や下痢、倦怠感に襲われ、身体が思うようにならない日々が続いた。下行結腸癌、胃癌などの大病も患った。「母のようになってしまうのか」そんな恐怖に襲われた。被爆から 60 年以上、病いの恐怖、社会の偏見と孤独に闘い続ける日々であった。

　このような人生を送ってきた櫻井さんにとって、国の意見陳述は自分や母の人生を否定するに等しい侮辱以外の何ものでもなかったのである。

3 司法判断を無視した国の責任

　国は、従来、DS86という線量評価システムをベースに原因確率という表を作成し原爆症認定を行ってきた。DS86は初期放射線しか考慮していないため、爆心地から2km以遠で被爆した人は原爆症と認定されず、また、内部被曝の影響を考慮しないため、原爆投下後、爆心地付近に入ったいわゆる入市被爆者についても原爆症と認定しなかった。国は、不合理な基準によって機械的に遠距離被爆、入市被爆者を切り捨ててきたのである。櫻井さんも、遠距離・入市被爆者として、従来の「審査の方針」では原爆症と認定されなかった。

　国は、司法から何度も認定基準の不合理性を指摘されながらも、改めようとせず被爆者を切り捨て続けた。2000年7月に最高裁判所はいわゆる松谷訴訟、同年11月には大阪高等裁判所が小西訴訟において、DS86を前提としたしきい値を機械的に適用することは科学的ではないと批判した。しかし、国は小西、松谷両訴訟判決確定後も、従来のDS86に固執し、「審査の方針」を策定して、遠距離・入市被爆者を切り捨て続けた。その後、集団訴訟でも司法が何度も認定基準の不合理性を指摘し続けたにもかかわらず、2008年3月に「審査の方針」を廃止するまで、従来の不合理な認定基準を改めようとはしなかったのである。

　2008年6月18日、国は、「新しい審査の方針」のもとで、櫻井さんを原爆症と認定した。一片の紙切れのみで、理由の説明も謝罪もない。

　2009年3月18日、広島地方裁判所は、原告5名を原爆症と認定するのみならず、国が職務上の注意義務を尽くすことなく漫然と認定申請を却下したとして、全国で初めて国家賠償請求をも認容した。これは不合理な基準で被爆者を切り捨てる国の態度に司法がNOを突きつけたのである。

　再三の司法判断を無視して従来の不合理な基準に固執し、違法な認定却下処分を繰り返してきた責任は重い。

　国は、一刻も早く被爆者行政を改め、すべての被爆者を救済すべきである。

［5］内部被曝とあるべき認定条件

弁護士　中島潤史

1　あるべき認定条件とは

　厚生労働省の定める「審査の方針」は、初期放射線（しかも過小評価されたもの）や極めて限定された残留放射線の影響しか考慮せず、内部被曝の影響をほとんど考慮していない点で、非常に問題である。
　この「審査の方針」に代わるものとして、私たちが提示しているのが「あるべき認定の条件」である。
　「あるべき認定の条件」とは、臨床医として長年にわたって被爆者の診療に当たってきた医師11名が、その臨床経験や原爆症に関する医学論文を精査して、共同討議を経てとりまとめた原爆症の認定条件である（「原爆症認定に関する医師団意見書」http://www.min-iren.gr.jp/mezasu-iryo/09hibaku/genbaku_j.html）。
　被爆者は、被爆直後から救護や家族の捜索などのために、爆心地付近を歩き回り、汚染された遺体や着衣に接触したり、瓦礫などを片付けるときに放射性の微粒子を吸い込んだりした。また、ごみが積もった防火用水から水を汲んできて飲んだり、缶詰工場の残骸から、食べ物を取ってきて食べたりすることもあった。「あるべき認定の条件」は、単なる数値の操作ではなく、こうした当時の生々しい被爆の実相を踏まえて策定されたものである。

2　「あるべき認定の条件」における内部被曝の捉え方

　「あるべき認定の条件」は、「原爆放射線による被曝、またはその身体への影響が推定できる」事実として、次の(1)から(7)を挙げている。

(1)原子爆弾の核反応による初期放射線（ガンマ線、中性子線）に被曝していると推定されること（DS86で認められるような近距離被曝の事実）
(2)放射性生成物や降下物によるガンマ線やベータ線、アルファ線に被曝していると推定されること（黒い雨、火災煙、死体や瓦礫処理時の放射性微粒子、汚染された食物や水などによる体外、体内被曝の事実）
(3)誘導放射線（土壌やコンクリート、鉄骨などからの放射線）に被曝していると推定されること
(4)被爆後、およそ2ヶ月以内に発症した身体症状（発熱、下痢、血便や歯齦出血のような出血傾向、治りにくい歯肉口内炎、脱毛、紫斑、長引く倦怠感など）があったこと
(5)熱傷、外傷瘢痕のケロイド形成
(6)被爆後数年以内に発見された白血球減少症、肝機能障害（B型肝炎やC型肝炎検査陽性者を含む）
(7)被爆後長く続いた原因不明の全身性疲労、体調不良状態、健忘症、労働持続困難などのいわゆる「ぶらぶら病」状態—内部被曝との関連が疑われるも十分な解明がされていない被爆者特有の易疲労症候群

　これらの項目は、どれか1つでも該当すれば被曝の事実が推定できるものであるが、特に内部被曝の影響を重視しているのは、(2)(4)(6)(7)である。
　(2)は、残留放射線のうち、放射性生成物や放射性降下物からの放射線に被曝した事実が推定されることを挙げたものである。
　ここで「黒い雨」や「火災煙」というのは、放射性物質を含んだ雨や煙のことである。また、「汚染された食物や水」というのは、主として放射性降下物が食物や水に付着、混入した状態を想定しているが、食物や水自体が誘導放射化している可能性も考慮しなければならない。この他にも、原爆投下後は、目に見えない放射性物質が大気中に拡散し、それが地上に降って土壌や水、人間などに付着した。また、死体そのものや負傷者自身も初期放射線を浴びたことで誘導放射線を発するようになった。したがっ

て、例えば、救護活動中に死体や負傷者の血液や体液に触れたり、死体の火葬に従事したりしたことなども十分に考慮されなければならない。

そして、これらの放射性降下物等が体内に取り込まれた場合には、それが血液中や一定の組織に集まるなどして、長期にわたって人体に影響を与え続けるものとなる。

そのため、放射性降下物等による被曝の程度を考える際には、内部被曝による長期の影響というものを重視しなければならない。

(4)(6)(7)はその症状から原爆放射線の身体への影響が推定できる事実である。急性症状や白血球減少症、いわゆるぶらぶら病等がみられた場合には、初期放射線だけでなく、残留放射線による内部被曝も含めて、相当程度の放射線被曝があったと推定できる。

このように、「あるべき認定の条件」では、内部被曝の影響を重視して、被爆者の病気が原爆症かどうかを判断しているのである。

3　実際の判断のあり方

「あるべき認定の条件」が、被曝の実態に即した判断方法であることは、厚生労働省のかつての「審査の方針」(旧「審査の方針」)と比較してみることで、いっそう浮き彫りになる。

旧「審査の方針」では、被爆者の被爆距離などから、被爆者が浴びた放射線量を計算していた。その放射線量は、DS86という基準で評価され、それが原因確率という表にあてはめられる。原爆症の認定申請をした被爆者は、すべてこの表にあてはめられて、原因確率が10％を超えるか超えないかで、認定されるか却下されるかを判断されていた。

これを具体例で見てみよう。

例えば、Aさんは、長崎で爆心地から約2.5km（約2500m）の地点で被爆した。これを「審査の方針」の別表9にあてはめると、2センチグレイという被曝線量になる。

「審査の方針」別表9

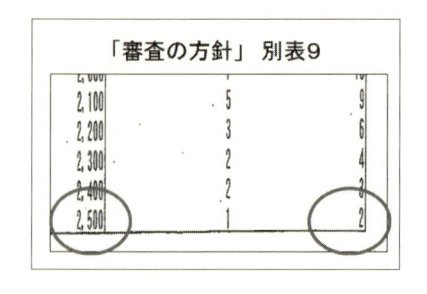

2,100	5	9...
2,200	3	5
2,300	2	4
2,400	2	3
2,500	1	2

しかも、Aさんは遮蔽のある路上で被爆したということで、被曝線量はその7割にすぎないとされ、Aさんの被曝線量は1.4センチグレイであるとされた。Aさんの場合、残留放射線や放射性降下物による被曝の影響はまったく考慮されなかった。

そして、Aさんは、女性で、肺がんを患ったので、「審査の方針」の別表6-2にあてはめることになる。Aさんの被曝線量1.4センチグレイなので、原因確率は4.5％を超えることはないことになる。

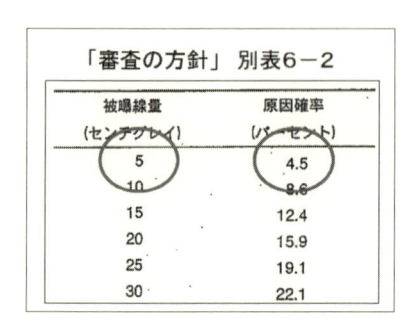

「審査の方針」別表6－2

被曝線量 (センチグレイ)	原因確率 (パーセント)
5	4.5
10	9.6
15	12.4
20	15.9
25	19.1
30	22.1

原因確率が10％未満だから、却下となったわけだが、旧「審査の方針」が運用されていた時には、被爆者はこのように簡単で機械的な審査で、判断されていたのである。このような審査方法が、本当に科学的であるといえるだろうか。

他方、「あるべき認定の条件」では、どのように判断されるのだろうか。

先ほどのAさんは、長崎で爆心地から約2.5kmの地点で被爆した。したがって、初期放射線に被曝していると考えられるので、前記(1)の要件（初期放射線に被曝した事実）を満たす。

次に、Aさんは、路上で被爆したが、そのとき一緒にいたAさんの母親がAさんをかばって、Aさんの上に乗った状態で、2人とも道路の上に腹這いになった。

しばらくしてAさんが起きあがってみると、周囲はほこりやススが舞い上がって、灰色で薄暗いほどだった。近くの工場もひどく崩れていて、外壁はほとんど崩れ落ちていた。Aさんは、そのまま自宅に帰ったが、帰り道もほこりだらけだった。

このように、Aさんは、被爆後、破壊された工場のほこり等の立ちこめ

る中を歩いて帰宅しているので、汚染された微粒子などが皮膚に付着したり、それを吸い込んだりして残留放射線に被曝していることが十分考えられる。したがって、前記(2)の要件（放射性生成物や放射性降下物からの放射線に被曝した事実）も満たす。

さらに、Aさんは、被爆するまでは、特に重い病気などしたことのなかった普通の小学生だった。ところが、被爆1週間後くらいから、ひどい下痢、嘔吐、吐き気、発熱、食欲不振、のど元のヒリつき、呼吸困難、背中の痛みといった症状により寝込んでしまった。そして、1か月ほどすると、髪の毛が抜けるようになり、学校に行っても体がだるく、休みがちとなった。

このような症状は、放射線の影響による急性症状と考えるほかに説明がつかない。したがって、前記(4)の要件（被爆後、およそ2ヶ月以内に発症した身体症状があった事実）も満たす。

以上のようなAさんの被爆の実態を踏まえると、Aさんには、内部被曝を含めて相当な線量の被曝があったものと考えられる。したがって、Aさんには「原爆放射線による被曝、またはその身体への影響」が推定できる。

そして、Aさんの病気は肺がんである。肺がんは「固形がん」であるから、被曝後に固形がんに罹患したことになる。Aさんは、肺がん以外にも、これまで貧血、狭心症、白内障などの病気にかかっており、その病歴から見ても放射線の影響が十分考えられ、その他に有力な原因は認められない。したがって、Aさんの肺がんは被爆による後障害である可能性が否定できない。

「あるべき認定の条件」
①初期放射線
②残留放射線
④急性症状
⇓
原子爆弾による被曝、またはその身体への影響が推定できる

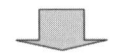

こうして、「あるべき認定の条件」によれば、Aさんの肺がんは、原爆症と認められるのである。

以上のように、「あるべき認定の条件」に基づく判断は、厚生労働省の旧「審査の方針」とは、判断方法がまったく異なることが分かる。

```
「あるべき認定の条件」
  申請疾病　肺がん
  病歴　　　貧血
　　　　　　狭心症
　　　　　　白内障　など
        ↓
肺がんは、被曝による後障害である可
能性が否定できない。
```

「あるべき認定の条件」では、単なる数値の操作ではなく、被爆者の被爆の状況、被曝前後の健康状態やこれまでの病歴など、被爆者の被爆の実態そのものを総合的に捉えて、被爆者の病気が原爆症かどうかを判断しているのである。

4　司法でも採用された考え方

「あるべき認定の条件」のように、内部被曝の影響を重視し、被爆の実態を総合的に考慮して判断する手法は、東訴訟東京高裁判決や、近時の原爆症認定集団訴訟における一連の地裁・高裁判決でも採用され、既に確立した考え方だといえる。

私たちは、この「あるべき認定の条件」こそ、「審査の方針」に代わる新たな認定の基準だと考えている。

［6］内部被曝を裁いた集団訴訟

弁護士　寺内大介

「内部被曝の影響は無視できる」と主張し続け、「審査の方針」を正当化しようとした国の態度は、集団訴訟の各判決により厳しく断罪され、熊本地裁は、内部被曝についてさらに踏み込んだ判断をした（巻末資料1）。

1　大阪地裁での証言と判決

肥田舜太郎氏の証言

自ら広島で被爆し、3000名以上の被爆者を診続けてきた肥田医師の証

言は、裁判官の心証を大きく被爆者側に引き寄せるものであった。

　肥田氏は、原爆投下から１週間後に広島入市した被爆者に紫斑ができ、吐血をし、毛が抜けて亡くなった例を紹介しながら、直接被爆者と同様に内部被曝を受けた影響を重視すべきことを証言された。

安斎育郎氏の証言

　放射線防護学の安斎教授は、長時間に及ぶ内部被曝の結果、外部被曝の場合とは異なる態様において細胞組織のDNAの損傷等が生じる可能性があること、内部被曝の影響については、微小な細胞レベルで生じるため、吸収線量や線量当量などマクロな概念によってはその影響を正確に評価できない可能性があることを証言された。

澤田昭二氏の証言

　物理学の澤田名誉教授は、入市被爆者が爆心地付近に入り、中性子線によって誘導放射化された残留放射能を帯びた微粒子を体内に取り込んだ場合、半減期が数時間以上から数年間、あるいはそれ以上の放射性原子核から放射された放射線によって体内被曝することを証言された。

大阪地裁判決（2006年5月12日）

　そして、大阪地裁は、「入市被爆者や遠距離被爆者については、放射性降下物による被曝の可能性や内部被曝の可能性をも念頭に置いた上で、……原爆放射線による被曝の蓋然性の有無を判断するのが相当」と判断した。

2　広島地裁での証言と判決

増田善信氏の証言

　気象学者の増田氏は、広島原爆の後には、たくさんの放射能を含んだ粉塵が灰神楽のように舞い上がっていたのであり、それらの粉塵は、雨が降った地域よりも広い範囲で散らばっていくはずと証言された。

齋藤紀氏の証言

　医師の齋藤氏は、放射性物質が組織沈着する内部被曝は、局所・長期持続被曝の点で外部被曝とは様相を異にしていること、平成16年に日本被団協が行ったアンケート調査結果を分析し、被爆後一定期間の経過後も広島市内一円は脱毛をもたらすような放射能汚染が継続していたと考えられることを証言された。

広島地裁判決（2006年8月4日）

　そして、広島地裁は、「被爆者が、一定期間、誘導放射能や放射性降下物に汚染された地上の物質、建材、塵埃や人体などに直接接触することにより外部被曝をし、もしくは、これらを吸入及び摂取し、あるいは傷口等から経皮的に体内に取り込むなどにより内部被曝することによって、その受ける被曝線量が審査の方針に従った算出値よりも増大しあるいは直爆とは全く異質な被曝（内部被曝）をしていないか否かを、常に慎重に個別的に検討する必要がある」と判断した。

3　東京地裁での証言と判決

市川定夫氏の証言

　放射線遺伝学の市川氏は、ベータ線やアルファ線を放出する核種が体内に入ってくると、飛程距離が短いこれら放射線のエネルギーのほとんどが吸収され、体内からの被曝が桁違いに大きくなると証言された。

東京地裁判決（2007年3月22日）

　そして、東京地裁は、「DS86において考慮の必要がないとされている内部被曝についても、それをまったく考慮する必要がないといえるかには疑問の余地がある」と判断した。

4 熊本地裁判決（2007年7月30日）

熊本地裁は、次のように判断した。
「審査の方針においては、残留放射線による内部被曝の影響が考慮されていないが、これは、DS86等報告書において、ホールボディカウンターにより測定されたセシウム137の内部負荷のデータに基づいて同元素からの内部被曝の積算線量を計算した結果、極微量の線量であると考えられていることによるものである。
　しかしながら、ホールボディカウンターは、体外から、体内の放射性原子核が放出する放射線を測定するものであって、飛程の長いガンマ線などを測定することはできるものの、飛程の短いアルファ線やベータ線を直接測定することはできないとの指摘がある。」
　（中略）
「さらに、低線量放射線による被曝に関して、低線量放射線による長時間にわたる継続的被曝によっても、高線量放射線による短時間の瞬間的被曝と同等の健康障害が生じうることが指摘されており、その内容等に照らすと、これらの知見は、他の知見を考慮しても、否定しきれないものである。
　以上によれば、審査の方針において、残留放射線による内部被曝の影響が考慮されていないのは、相当とはいえないのであって、申請疾病の放射線起因性の判断に当たっては、当該申請者の被爆状況や被爆後の行動、生活状況などを総合考慮の上、当該申請者が残留放射線による内部被曝を受けるような状況にあったのか否かを慎重に検討することが必要というべきである。」

第3章　内部被曝の医学

医師　牟田喜雄

1　内部被曝の危険性

(1) 内部被曝のメカニズム

　内部被曝は体内に放射性物質が沈着して長期間人体に影響を与え、晩発性障害の原因となる。

　放射線による被曝のしかたには、外部被曝と内部被曝がある。

　外部被曝は、放射線の線源が人体の外部にあり、そこからの放射線を受けて被曝するもので、放射線の飛程が長いγ線や医療検査で使われるX線によるものが主である。この場合は、線源から離れれば被曝を減らすことができる。

　内部被曝は、放射性物質を呼吸や飲食で人体の内部に取り入れて、人体内部に入った放射性物質からの放射線で被曝するものである。

　人体内部に入った放射性物質は、核種によりα線、β線、γ線という放射線を出してより安定な放射性物質に変わっていく。

　また、血液を通じて全身をかけめぐり、細胞のDNAを損傷すれば白血病や癌などのリスクが高まる。

　放射性物質が体外へ排出されるまで内部被曝が続くことになる。

　人間を含め、動物は長年にわたって自然放射線による被曝を受けながら生存してきたので、このDNA損傷を修復する能力も獲得している。しかし、DNA損傷の程度が大きいと、修復ができなかったり、間違って修復される確率が大きくなる。この確率は被曝線量に比例して大きくなるといわれており、培養細胞へのγ線外部照射による実験では、1mSvの低線量までDNA損傷修復ミスと線量が比例することが確認されている。

　放射線のDNAを損傷する作用は、放射線の種類により異なる。疎らな

作用しか起こさない γ 線に比べて、α 線、β 線は飛程が非常に短い分、局所に集中して作用を及ぼすので、DNA 損傷作用は大きくなる。

内部被曝では、臓器当たりの線量が低くても、細胞レベルでみれば、局所の線量は高くなるので、低線量でも DNA 損傷による白血病や癌のリスクが懸念される。

外部被曝、内部被曝ともに、放射線被曝により傷害を受けて死滅する細胞が多くなると、組織の損傷、機能傷害をおこして、出血症状や脱毛などの急性症状を示すことになる。

郷地秀夫氏によれば、福島原発事故の際の放射性降下物は、ホットパーティクルと呼ばれる 0.1〜30μm 程度の微粒子を形成しており、この微粒子には 1 ng（10 億分の 1g）中に $10^{9〜11}$ 個程の原子が含まれ、局所的に集中的な被曝を起こし得る。3 μm 以下の粒子は肺空間に吸入され易いが、10μm 以上くらいになると口腔や鼻腔の粘膜に付着し易くなり、出血などの急性症状を起こし得るし、微粒子を飲み込めば消化管粘膜に吸着し、下血を起こし得ると推定している。原爆の放射性降下物や誘導放射化された物質の微粒子でも同様に考えることができるであろう。

また、被曝により免疫系の障害がおこり得る。免疫力の低下は様々な疾病の原因となりうる。

（2）核種ごとの臓器親和性、半減期

内部被曝の場合、核種によって分布しやすい部位（臓器）が異なる。

放射性核種には物理的な半減期があるが、人体に取り込まれた放射性核種が排出されるのに要する時間については、生物学的半減期があり、物理的半減期と生物学的半減期を勘案して実際の半減期（実効半減期）が決まっている。

問題となる主要な放射性物質について、その特徴をみてみると、
①ヨウ素 131：実効半減期 7.6 日。甲状腺に集積しやすい。甲状腺癌や甲状腺機能低下症、甲状腺機能亢進症の原因となる。放射線により損傷された甲状腺組織が抗原となり、自己の組織を攻撃する抗体が作られる自己免疫という作用が働いて甲状腺機能低下症や亢進症を発症することも推定さ

れている。

②セシウム137：実効半減期70日。全身に分布する。全身の癌の原因となることが推定される。摂取されたセシウム137は腎から尿へ排出されるので、膀胱癌の原因となることも推定される。

③ストロンチウム90：実効半減期18.2年。骨に集積しやすい。骨の癌（骨肉腫）や骨髄の障害による白血病の原因になる。放射線被曝により骨塩量が低下し、骨粗鬆症、更には骨の変形を来すことも推定される。

④プルトニウム239：実効半減期198年。肝臓、骨に集積しやすい。吸入されると肺にも集積する。α線を出し、癌の原因となり、毒性が強いとされている。長崎の原爆の材料となった。爆発しなかったプルトニウム239は放射性降下物となった。長崎大学の七條氏らは、長崎原爆死亡者の剖検標本で、60数年経過後も肺、腎、骨組織でα線の飛跡を確認し、プルトニウムが残存してα線を出し続けていることを報告している。

2　内部被曝を無視したDS86

原爆症認定制度の基礎とされているDS86と呼ばれる被曝線量評価システムは、残留放射線を過小評価し、特に内部被曝の影響を無視している。

DS86では、原爆爆発の初期に放出される放射線（γ線と中性子線）の線量は、原爆による放射線の主要なものとして、コンピュータによるシミュレーションで爆心地からの距離に応じて算出されているが、それでも、実測値に基づく推定値と比較すると、遠距離では過小評価になっていることが指摘されている。DS86を修正したとされるDS02においても遠距離での過小評価の可能性が否定できない。

初期放射線以外の放射線には残留放射線があるが、DS86では、これはほとんど無視されている。

残留放射線には、①中性子線により地上の物質が誘導放射化されてできる放射線と、②爆発により生成され大気中に放出され降下した微粒子状の放射性降下物の放射線、および③核分裂しなかったウラン235、プルトニウム239が放射性降下物となったものによる放射線がある。

これら残留放射線については、枕崎台風による風雨、洪水で地表に堆積していた放射性物質が洗い流され、散逸した後の放射線測定値を用いて推定された結果、極めて限定的にしか評価されていない。広島では己斐または高須地区、長崎では西山3、4丁目または木場地区にのみ限定して過小評価している。

　中性子線により誘導放射化された物質からの放射線についても、地表から1m地点での測定結果のみに基づいて、被曝線量はわずかであったとされているが、誘導放射化された粉塵が空気中に漂い、身体に直接付着したり、呼吸や飲食で体内に取り込まれて内部被曝するという形態の被曝を考慮しておらず、過小評価となっている。放射性降下物の放射線についても同様である。

　このDS86に基づいて作成された原因確率を用いて癌などの疾患を発症する確率を算出し、それが約10％以下であれば認定しないという認定基準により、2km以遠の遠距離被曝、入市被爆が認定対象から除外された。

3　内部被曝の影響を推定させたプロジェクト04

　遠距離・入市被爆者に急性症状を示唆する症状が多く認められ、癌などの疾病に多く罹患しているのは、残留放射線、特に内部被曝の影響を考慮せざるを得ない。

　熊本では、原爆被爆者の健康影響を把握するため、2004年に被爆者健康調査（プロジェクト04）に取り組んだ。

　DS86を基礎とする旧認定基準の問題点、低線量被爆者を被曝していない対照（コントロール）とすることにより、被爆者同士の比較になっているという点を考慮し、全く被曝していない同年齢者を対照として、一般調査員および医師による聞き取り調査を実施した。

　2km以遠での遠距離被爆および入市被爆者では、昭和20年末までに、脱毛、下痢、ひどいだるさ、出血症状（歯茎の出血、鼻血、下血、皮膚紫斑など）、口やのどの腫れ、痛みといった急性症状を示唆する症状が65％の方に認められた。急性症状のなかでも最も特徴的症状といわれる脱毛は、

12.7％の方に認められた。ひどいだるさ 28.6％、下痢 27.3％などである。
　この事実は、初期放射線被曝だけでは説明ができない。
　また、2km 以遠遠距離被爆者、入市被爆者での悪性腫瘍（癌）（白血病、悪性リンパ腫、多発性骨髄腫を除く悪性腫瘍をまとめたもの）の発症は、被曝していない群に比して約 2 倍多く、統計学的に有意であるという結果であった。これは、放射線影響研究所の癌発症率調査に比してもかなり高い数値となっている。このことも、初期放射線被曝だけでは説明困難であり、残留放射線、特に内部被曝の影響を考慮せざるを得ない。
　原爆被爆者の疫学調査では、被爆者が高齢になって、癌の好発年齢になるに従って癌の発症が増え、過剰リスクが統計学的に有意となる癌の種類が増えていくことが確認されている。
　原爆被爆者での残留放射線被曝と同様の被曝が福島原発事故では問題になっている。低線量遷延性の外部被曝および内部被曝の健康への影響をみるには、長期にわたる追跡調査が必要であり、被曝線量が十分に低い群を対照（コントロール）とする必要がある。

4　内部被曝の影響を認めた熊本地裁判決、原告に認められた内部被曝の影響

　全国 17 の裁判所で争われた原爆症認定集団訴訟で、6 番目の原告勝訴判決となった 2007 年 7 月の熊本地裁判決は、それまでの判決に比し、残留放射線の影響をより明確に認定した画期的判決であった。
　放射性降下物の降下範囲を広く認定し、DS86 で認めている地域以外での滞在でも放射性降下物による外部被曝を受けた可能性を考慮する必要があるとした。放射性降下物や誘導放射化された物質が身体や衣服に付着した場合は、被曝線量は DS86 での地上 1m での測定値より大幅に高いものになると認めた。
　また、内部被曝についても、DS86 に於けるホールボディカウンターによるセシウム 137 の γ 線測定値による評価は、α 線、β 線を測定しておらず、セシウム 137 以外の核種を考慮していないことなどより、実際の内

部被曝積算線量は大幅に多いものになる可能性が否定できないとした。内部被曝の場合、外部被曝と異なり、γ線以外にα線、β線により局所的に集中的継続的に被曝するため、深刻な障害を生じ、切断されたDNAの誤修復により異常細胞を生成・成長させるとする知見は、相当の科学的根拠を有するものであることは否定し得ないとした。

さらに、プロジェクト04を含む多数の調査結果より、入市被爆者に残留放射線による急性症状と認められる症状が生じていることを認定し、このことは、残留放射線による外部及び内部被曝線量が急性症状を発症させるほど多量であったことを示すものということができるとした。

以上より、認定審査の方針において、残留放射線による内部被曝の影響が考慮されていないのは、相当とはいえないとした。

熊本地裁判決での遠距離・入市被爆者の認定例は、一覧表を参照。

熊本地裁第1陣原告21名のうち、19名が認定された。このうち2km以遠の遠距離ないし入市被爆者は15名であった。特徴的な事例を挙げる。

事例1

15歳時、長崎で、爆心地より4kmの工場内での被曝後入市の男性。

被曝後身体のだるさを認め、1996年、被曝後51年経過して、早期胃癌発症、内視鏡による切除術を受けた。2002年には膀胱癌を発症し、内視鏡による切除術、抗癌剤膀胱内注入療法を受けた。その後も再発を繰り返し、その度に内視鏡による切除術を受け、現在も再発がないか経過観察中である。2004年には前立腺癌まで発症し、抗癌剤内服治療を続けている。膀胱癌で原爆症認定申請したが却下され、集団訴訟に加わった。

判決では、DS86によれば初期放射線の被曝線量は0になるが、これは過小評価の可能性があり、被曝当日爆心地から1.5km地点まで近づき、被曝6日後には爆心地付近を通るなどした際に、誘導放射能や放射性降下物が身体や衣服に付着したことが考えられ、相当量の外部被曝をした可能性がある。火災による煙を吸うなどもしており、残留放射線による相当量の内部被曝をした可能性もある。急性症状が示唆される症状を認め、被曝を境に健康状態が悪化したことが認められる。以上より被曝線量

は、DS86 を基礎とした審査の方針により算定されるものほど低線量ではなかった可能性が高い。内部被曝が外部被曝とは異なる機序で人体に影響を与えることを指摘する知見や、低線量放射線による長時間にわたる継続的被曝によっても、高線量放射線による短時間の瞬間的被曝と同等の健康障害が生じ得ることを指摘する知見があることを考慮する必要がある。放影研の疫学調査において原爆放射線との間に統計的に有意な関係が認められている胃癌、膀胱癌を発症して、膀胱癌は 2 回も再発を繰り返していることなども総合的に判断して、被曝要因を認定し、放射線起因性も認定して、申請疾病である膀胱癌を原爆症とする判決を下した。

事例 2

18 歳時、長崎で爆心地より約 2.3km の自宅内で被曝後、原爆爆発の 24 時間後から 56 時間後までの間に爆心地付近を何度か通過した女性。

被曝 3 日後から頭痛、発熱、吐き気、下痢、食欲不振、下血、全身倦怠感、頭髪の脱毛を認めた。また、昭和 30 ～ 37 年に 3 回流産、1 回子宮外妊娠をし、昭和 45 年頃には子宮筋腫の手術を受け、昭和 58 年頃には変形性脊椎症による腰痛を認めるようになった。平成 5 年頃白内障の診断を受け、平成 6 年には膀胱癌で手術を受けた。術後貯尿袋を使用するようになった。

被曝線量に関しては、DS86 では初期放射線被曝は 0.02 ないし 0.04 グレイ、誘導放射能による外部被曝は 0 グレイに近い、放射性降下物による外部被曝は 0 グレイと極めて低線量ということになるが、判決は、初期放射線は 1.3km 以遠で過小評価の可能性があり、入市して死体捜索などした際に誘導放射能や放射性降下物が身体や衣服に付着して相当量の外部被曝をしたり、残留放射線による相当量の内部被曝もした可能性があると認め、被曝後に認めた下痢や脱毛等の症状は急性症状と捉え得るし、被曝後の健康悪化、流産、放影研の疫学調査で被曝との統計学的に有意な関係が認められている子宮筋腫、白内障などへの罹患も考慮すると、被曝線量は DS86 を基礎とする審査の方針により算定されるものほど低線量ではなく、むしろ急性症状を発症させるほどの線量であったと認めるのが相当とした。

膀胱癌については、放影研の疫学調査で被曝との間に統計的に有意な関係が認められているとして、放射線起因性を認めた。
　また、変形性脊椎症については、高線量の外部被曝により骨粗鬆症や骨折を起こしやすくなることが認められ、残留放射線による内部被曝の場合、ストロンチウム90及びプルトニウム239は骨に沈着しやすいとされていること、特にストロンチウム90については、放出される放射線がベータ線のみであるため、骨に濃縮されると、その近辺の組織に集中的な被曝をもたらし、崩壊すると、イットリウム90というストロンチウムより強力なβ線を放出する放射性原子核が生じ、ストロンチウム90以上の吸収線量の被曝を与え、生物学的影響が大きく増幅されるなどとする知見もあることを併せ考えれば、残留放射線による内部被曝によっても、血行障害及び骨細胞障害が引き起こされ、骨量が減少し、骨粗鬆症となったり、骨折、感染、壊死及び肉腫といった合併症を重ねやすくなったり、病的で未熟な骨へ置き換えられたりすることが十分考えられ、骨折とその再生障害を繰り返すことなどによって、骨の変形などが生じる蓋然性もあるというべきであるとして、急性症状や被曝との関係があるとされる疾患への罹患なども総合的に考慮して放射線起因性を認めた。
　貯尿袋の使用についても、膀胱癌の切除手術に伴う医療行為であり、膀胱癌により余儀なくされたものである以上、膀胱癌に対する医療行為というべきであるとして、要医療性も認めた。
　その他、巻末資料2、5「原爆症認定要件該当性等一覧表」を参照されたい。

【参考文献】

矢ヶ﨑克馬『隠された被曝』、新日本出版社、2010年7月25日初版

郷地秀夫『福島原発事故を経て、今、臨床医に求められるもの』、月刊保団連、1084、16～21、2012年3月号

七條和子ら「長崎原爆被爆者の米国返還資料を用いた残留放射能の検出法──その1」、長崎医学会雑誌83巻特集号、341～344、2009

牟田喜雄「原爆被爆後の健康障害についての聞き取り調査（非被爆者との比較）2004年くまもと被爆者健康調査"プロジェクト04"」、社会医学研究、24、19～30、2006

第4章　原発事故と内部被曝

［1］チェルノブイリと内部被曝

　　　　　　　弁護士　　三角　恒

1　チェルノブイリ事故とは

　チェルノブイリ事故というのは1986年4月26日に旧ソ連ウクライナのチェルノブイリ原発4号機の原子炉が建屋もろとも爆発炎上した事故であり、この事故によって①大量の放射性物質がまき散らされ、②広大な土地が放射性物質で汚染され、③まわりの人が避難し、多くの人々が被曝して原子力開発史上最悪の事態となった。チェルノブイリ原発事故では放射性物質セシウムだけを計算してもヒロシマ型原爆の500個から800個にあたる量が排出されたとされている。放射線汚染は北半球のほぼ全域に及んでいるが、風向きとともに、放射性物質を含んだ雲が流れた方向も変化した。
　原発周辺の汚染の詳細が明らかとなったのは、事故から3年ほど経ってからである。ソ連末期の民主化運動の高まりの中で、チェルノブイリ周辺のセシウム137汚染地図が1989年春に公表されたが、原発から500キロ離れたところにも飛び池のように高汚染地域が広がっていた。

2　事故被災者と被曝

　被曝と言っても原子力発電所内で作業する人以外にとってもっとも問題なのは内部被曝である。1986年のソ連報告書によると、急性放射線障害は203人に認められ、それらはすべて原発職員と消防士であった。そのうち28人が急性放射線障害により3ヶ月以内に死亡した。これは主として外部被曝による影響であると考えられる。チェルノブイリ事故による事故

被災者の分類としては①前記原発職員や消防士とは別に、②事故処理作業従事者 60 〜 80 万人、③事故直後の避難住民約 12 万人、④汚染地区からの移住者約 25 万人、⑤汚染地域居住者、被災各国で約 600 万人とされる。これらの人々のうち、特に内部被曝によって一体どれだけの人が健康被害を生じたのかというのは重大問題である。

3　事故報告の経過

① 1990 年、汚染対策を求める住民の運動に手を焼いたソ連政府は IAEA（国際原子力機関）に対し、現地調査と汚染対策の勧告を依頼した。約 200 人の専門家が参加した国際調査団は 1 年後、「放射線汚染に伴う健康被害は認められない。もっとも健康に悪いのは放射線を怖がる精神的ストレスである」という調査結果を発表した。

②ソ連崩壊後の 1992 年、子どもを含む多数の急性障害の報告があったことを示す秘密文書（共産党秘密議事録）が暴露された。

③ 1990 年ころから事故で放出されたヨウ素 131 などの放射性ヨウ素による被曝影響として、小児性甲状腺ガンが急増を始め、ベルラーシ南部のゴメリ州では、1991 年以降世界平均の 100 倍を超える発生率が観察された。

④ 1996 年 4 月、IAEA などが主催して開かれた「事故後 10 年総括会議」では現時点で因果関係が明らかであると特定される健康障害は小児の甲状腺ガンのみであり、一方白血病その他の疾病については今後の経過をみないと科学的に明確な結論を出すことは時期尚早であるとされた。

他方ベルラーシ科学アカデミーの報告によると、汚染地域では内分泌系や血液、造血疾患といった慢性疾患や新生児の先天性疾患の発生率が共和国平均を上回っていることが報告された。

⑤ 2005 年 9 月にウイーンで開かれた IAEA、世界保健機構など 8 つの国連機関と、ウクライナ、ベルラーシ、ロシア被災 3 ヶ国の専門家で構成されるチェルノブイリ報告では、総死者は 4000 人。健康被害につながる放射線をあびた可能性があるのは、約 60 万人と限定された。高汚染でないとされる汚染地域住民 680 万人に対するガン死約 5000 件は外されてい

る。小児性甲状腺ガンとロシアの高線量被曝した事故処理作業者の白血病の増加のみ。一般住民に白血病が増加したとの報告は汚染レベルとの関連がないとされた。乳ガンなど他のガンや遺伝的影響については「統計的に有意ではない」「被曝との相関関係が認められない」との理由で切り捨てられている。

4 低線量内部被曝の危険性

　ICRP（国際放射線防護委員会）は内部被曝の取り扱いにおいて外部被曝の結果に基づくリスク係数を使い、臓器単位のサイズで被爆線量を平均化している。これは原爆の疫学調査によるものである。しかし、1回的な急性の高線量の外部被曝の結果を低線量の慢性的な内部被曝に利用することは問題である。このような基準では低線量で長期間にわたって放射線を受ける人の影響については無視もしくは軽視することになり、内部被曝の実態を無視していると言わざるを得ない。前記2005年9月のチェルノブイリ報告でも、ICRPの基準を基にしていると言える。
　チェルノブイリ事故の影響では多数の小児白血病等の患者が出ているが、ICRPはその多くに対して原発事故による放射性物質の飛散との因果関係を認めていない。それはICRPの内部被曝の影響に関するモデルとECRR（欧州放射線リスク委員会）とは大きく異なるからであり、その差は100倍以上の開きがある。
　慢性の微量汚染による健康影響を考えるに当たっては、内部被曝の実態を直視して、それを検討の対象にするかどうかによって、原発事故による健康影響を受けたと評価できる者の数は格段に変わってくるのである。

【参考文献】
『チェルノブイリ事故による放射能災害』（技術と人間）今西哲二編
『暴走する原発』（小学館）広河隆一著
『放射線汚染が未来世代に及ぼすもの』（新評論）綿貫礼子著

［２］福島原発事故と内部被曝

弁護士　菅　一雄

1　「安全神話」の崩壊と放射性物質の拡散

　「日本の原発は絶対に安全」「チェルノブイリのような事故は起こらない」。政府と電力会社はこう宣伝してきた。ところが、重大事故は起きた。2011（平成23）年3月11日、東日本大震災をきっかけに東京電力福島第一原発事故が発生した。地震と津波による電源喪失で炉心冷却機能が失われた。国民注視の中、政府や東電は炉内の温度すら把握できぬまま情報収集と対応に右往左往した。マスコミでは御用学者が「安全」を連呼したが、時を追って事故の深刻さは明らかになっていった。燃料棒の被膜は融解し、圧力容器、格納容器には穴が開き、大量に投入された冷却水は放射性物質を含む汚染水となり配管やプールの破れから漏れ出た。圧力容器内圧を下げるためのベントが繰り返され、大気へ放射性物質が放出された。水素爆発により建屋は大破し、放射性物質は原発周辺に拡散した。政府・電力会社・御用学者らの言う「安全装置」は機能せず、原子炉とともに「安全神話」も崩壊したのである。

　大気に漏洩した放射性物質の量は37京Bq以上、2号機から放出された高濃度汚染水が含む放射性物質の量は330京Bqとの推算もあり、そのどれだけが地下水・海水に漏れ出たかも不明である。事故は収束しておらず、今も放射性物質は放出され続けている。福島発の放射性物質は気流や海流を通じて世界中に拡散している。

　政府は事故直後には「国際評価尺度（INES）」のレベル3（重大な異常事象）、同レベル4（施設外への大きなリスクを伴わない事故）と評価していたが、4月12日にはINESの上限でチェルノブイリと並ぶレベル7（深刻な事故）という暫定評価に至った。

2　内部被曝の危険性への注目

　莫大な放射性物質の拡散により人々は「どれくらいの放射線レベルまでなら安全なのか」という問いを突きつけられた。
　原発周辺地域では放射線の増加が顕著で、国から屋内待避指示、避難指示などが出された後、最終的に、福島原発から半径20km以内の「警戒区域」や事故後1年間の積算線量が20mSv以上になると予想される「計画的避難区域」の住民へ避難指示が出された。より安全な場所を求めて福島県内外への「自主避難」を行う者も多数出た。
　水道水や米、魚、茶など食品からも相次いで放射性物質が検出された。2011（平成23）年3月17日、厚生労働省は「暫定規制値」を定めて食品衛生法による規制を及ぼした（翌年4月数値基準見直し）。業者による自主的な線量検査・出荷停止なども行われている。今や日本中の生産者・流通業者・消費者が食品の放射線レベルに関心を持たざるをえない。
　こうした中、内部被曝の危険性に注目が集まっている。
　もともと福島原発事故で問題とされているのは、福島原発から直接発される放射線の危険性ではなく、福島原発から放出された放射性物質が人間の生活圏に移動し、その放射性物質が発する放射線の危険性である。原爆になぞらえれば、初期放射線ではなく残留放射線の危険性である。しかも、原発周辺住民への屋内待避・マスク着用などの指示、食品の放射線量の規制は、放射性物質の体内摂取による内部被曝に特別の危険性があることを前提とする対応である。その意味では原爆症に関して内部被曝の危険性を無視してきた国の立場は破綻しているのである。
　とはいえ、国が内部被曝の危険性を正確に認めたとは言えない。そもそも避難区域の設定や食品の規制基準策定において国が基礎としているのは国際原子力機関（IAEA）や国際放射線防護委員会（ICRP）の考え方であり、内部被曝の危険性を過小評価しているとして欧州放射線リスク委員会（ECRR）などからの強い批判もあるところである。IAEAやICRPは基準を定めるにあたり、広島・長崎の原爆のデータや「研究成果」を用い

ている建前であるが、そのデータや「研究成果」自体が広島・長崎の被爆者の被曝の現実（例えば入市被曝）に目をふさぎ、内部被曝の影響を隠蔽したものに過ぎない。IAEAやICRPの考え方では、広島・長崎の被爆者の苦しみを説明できない。むしろ広島・長崎の被爆者の現実に照らせば、国の基準は放射線の、とくに内部被曝の危険性を過小評価しているおそれが大である。

3　汚染と症状に関する広範で継続的で中立公平な調査を

　福島原発事故は未だ現在進行形である。事故は収束していない。健康被害も晩発的影響が出るのは早くて数年、遅くて数十年以上先である。放射線の危険性に関しても解明途上である。
　広島・長崎の原爆被害の現実からくみとるべき教訓は多いのではなかろうか。
　放射線影響の解明において、放射線量と症状と両方のデータが重要だが、広島・長崎での被爆直後の調査妨害・懈怠、その後のデータ隠蔽は重大な妨害となった。また、核戦略を推進する立場の米政府がデータを独占して「研究」し、「研究」内容を放射線影響を矮小化する方向に歪めた。さらに、67年後の現在も放射線の健康影響は現在進行形である。近時の民間の疫学調査（プロジェクト04）によっても、時を経て発症例が増加したために放射線との因果関係がより明らかになった疾病もあった。国は被爆者の現実に目を背け、継続的な健康調査を怠り、勝手に国の「基準」を定めて「放射線影響なし」として被爆者を切り捨て続けている。
　福島で被害者切り捨てを繰り返してはならない。
　そのためには、汚染状況（内部被曝を含む）と症状の広範かつ継続的な調査が必要である。この調査は行政の責任で行い、結果は公開すべきである（プライバシー情報を除く）。調査の中立性・公平性を保つためには、行政と御用学者任せにしてはならず、調査体制に住民を手続的に関与させ、監視しなければならない。民間の独自調査も期待される。
　「100mSvまで放射線を浴びても大丈夫」との発言で「ミスター100ミ

リシーベルト」の異名を取る山下俊一氏が、すでに2011（平成23）年7月、福島県立医科大学副学長及び福島県放射線健康リスク管理アドバイザーに任命された。住民側の監視の強化とそのための運動（民間の独自調査を含む）が求められる段階に入っているといえよう。

［3］原発なくそう！ 九州訴訟の意義

弁護士　板井　優

1　その日は2011年3月11日

　2011年3月11日に起こった東京電力福島第一原子力発電所事故において、これまでわが国の原発から放射線が漏れることはないとしていた「原発の安全神話」が劇的な形で崩壊した。
　これは、原発立地県である福島県議会や県知事が、福島県内にある全ての原発の廃炉を求めたことからも明らかである。さらに、2012年4月7日、福島市で開かれた原発立地自治体である双葉町の井戸川克隆町長は次のように述べている。
　「私自身も原発事故が無いと信じていた一人。悔やんでいる。政府の危機管理のなさ、自分のこととして扱わないことに対し、常々、怒りがある」「放射能は闘う相手ではない。避難するしかない。いったん避難し、除染してから戻るのが賢明な手段。次世代の子どもを、われわれが守らなければならない」（2012年4月8日『福島民友新聞』）
　ここには、半永久的・壊滅的被害に直面した者の真実の言葉がある。

2　東日本に広がる放射線被害

　原子爆弾が上空で爆発した場合、ガンマ線や中性子線などの直爆放射線が同心円状に届いていくことはよく知られている。しかし、福島の原発事

故から出た放射性物質は、同心円とは関係なく、風向きと風力によって東日本一円に広がっていった。当初政府が用いた同心円を使った避難地図は何ら関係なかった。こうした中で、被曝をおそれた女性や子どもが続々と東日本から全国に避難している。

しかしながら、原爆でもキノコ雲は大きく広がり、放射性物質は広範囲に降下している。全国各地で闘われた原爆症集団訴訟判決は、波長は短いがこれらアルファ線やベータ線を出す放射性降下物による外部被曝、内部被曝について述べている。

しかし、わが国の政府や御用学者は、内部被曝には証拠がないなどといって、現在に至るも内部被曝を否定している。こうした中で、2011年の3月11日は起こったのである。

現在に至るも、福島第一原発は放射性物質を出し続けており、その被害の範囲と規模は大きく広がっている。

3　内部被曝の恐怖

水俣病は食物連鎖を経たメチル水銀を体内に取り込むことによって起こった。同じく、大気汚染は大気中の汚染物質を呼吸によって体内に取り込む中で起こった。そして、イタイイタイ病のカドミウムは水に溶けて田畑を汚染し、その水は人間の体内にも取り込まれ骨に沈着しもろく折れる骨を作り出した。

人間が生物として生きていく上で、食べ、飲み、吸うことは当たり前のことである。ヒロシマ・ナガサキでの原爆症は多くの人たちが亡くなった直曝よりも、今日では内部被曝が注目されるべきである。

そして、原発ではまさに内部被曝が中心的問題になっている。

私たちは、熊本での原爆症集団訴訟で、内部被曝の問題が重要であると考えて取り上げてきた。私個人が、内部被曝問題を知ったのは、1987年11月にマレーシアのブキメラ村でのエイシアン・レアー・アース社の放射線汚染公害の現地に行ったときである。工場の周囲に野積みされた放射性廃棄物。そのそばで子どもたちが寝転がったりして遊んである。吸い込

む放射性物質の入ったチリ。当時、1万人いた住民のうち4000人はすでに村を逃げていた。大変な事態だと思った。

その後、沖縄の鳥島で米軍機が劣化ウラン弾の演習をしていることが問題となり琉球大学の矢ヶ﨑克馬先生がこの問題に取り組まれ、中東で劣化ウラン弾に打ち抜かれたイラク軍の戦車のそばで遊んでいた現地の子どもたちに放射線汚染と思われる症状が出たという話に接した。

こうした時期に、私たちは、原爆症集団訴訟で、水俣での大量切り捨て制度を転換していく集団訴訟の考え方を持ち込んでいくことになった。

4　原発なくそう！九州訴訟

私たちは、被害から出発して闘いを始める。戦後の戦争被害をめぐる闘いの中で日本国憲法の平和条項は国民に支えられた。深刻な公害が発生する中でこれを根絶しようという運動と国民世論が作られた。

そして、今回、私たちは、東日本の人たちが深刻な原発被害におそわれる中で、この被害を二度と起こしてはならないという国民的な思いに駆られている。その意味で、私たちは、福島を繰り返してはならないという「3.11フクシマ」世代である。

2012年1月31日、1704人の原告が、国と九電（玄海原発）を相手に裁判を佐賀地裁に提起した。この裁判の訴状と解説は『原発を廃炉に！』として花伝社から出版されている。3.11原発事故（内部被曝）を繰り返さないためには、原発による国の発電政策を変えなくてはならない。国民世論を変える中で政策を変えていこうという立場から、1万人以上の大原告団を作ろうと思い、5月30日の第3次提訴で計4252人の原告団になった。

5月30日には、川内原発をめぐって鹿児島地裁に1114人の原告により兄弟訴訟が提起された。

私たちは、今、原発によらない発電政策を実現する夢を見ている。そして、裁判という闘いを通じて全ての国民がその夢を実現しようとしている。

第5章　水俣の教訓を福島へ

弁護士　寺内大介

　私たちは、2011年7月2日と11月5日、水俣病不知火患者会、ノーモア・ミナマタ国賠等訴訟弁護団との共催で、「水俣の教訓を福島へ」と題するシンポジウムを開催した。

　熊本原爆訴訟弁護団の多くが、水俣病第3次訴訟やノーモア・ミナマタ国賠等訴訟の弁護団員であり、福島原発事故への対応に、原爆症のみならず水俣病の教訓も生かすべきだとの認識で一致したからだ。

　7月2日のパート1では、原発事故で放出された放射線による健康被害の過小評価を許さないため、広範囲での長期間にわたる健康調査の必要性が確認された。11月5日のパート2では、原発公害というべき原発事故の責任は東電と国にあり、東電を救済するために被害を切り捨てることがあってはならないことが確認された。

　シンポジウムの内容は、いずれも花伝社からブックレットとして刊行し、幸い多くのみなさんに共感をもって受け入れられたが、他方で、「『教訓』と言うと水俣病が終わったように聞こえる」「『教えてやる』という感じでおしつけがましい」などの批判も頂戴した。

　水俣病特別措置法の救済措置7月末打ち切りに反対する被害者の声は強く、5月1日の水俣病犠牲者慰霊式でも「水俣病の幕引きは許さない」との批判が相次いだことは記憶に新しい。私たちも、水俣病が終わったとは毛頭考えていない。しかし、水俣病が終わるまで何の教訓も語らないとすれば、それは、水俣病に関わった者として、かえって無責任なのではないかという気がする。また、「おしつけがましい」と言われても、ほかに適切な言葉が思いつかない。私たちは、水俣病の教訓を、正も負も遺産として継承していくべきとの立場である。

　本章では、2回のシンポジウムをふまえて、伝えるべき教訓を述べるとともに、ノーモア・フクシマの論理的帰結として原発の全面廃炉を訴える。

[1] 徹底した健康調査を

弁護士　久保田紗和

　水俣病は、2012年5月1日、公式確認から56年目を迎えた。公式確認から56年経った今でも、なお、多くの潜在被害者が残されている。その数は、数万人に上ると言われている。
　多くの被害者が残されている大きな要因として、恒久的な救済制度が存在しないということも上げられるが、最大の要因は、水俣病においては、研究のためを除き、国・自治体による不知火海沿岸の健康調査が実施されておらず、水俣病被害の全貌が明らかにされていないことにあるといえる。
　放射線や水銀汚染による環境汚染が起こったときに、重要なのは、被害実態の解明と、その実態や調査結果を正確かつ迅速に、地域住民に知らせていくことである。
　2004年10月15日の水俣病関西訴訟判決においては、国・熊本県の水俣病発生及び健康被害の拡大についての責任が認められた。しかし、その後も、国は、被害実態の把握のための健康調査を実施することはなかった。
　国は、2012年7月31日をもって「水俣病被害者の救済及び水俣病問題の解決に関する特別措置法」の申請期限とするとしているが、被害の全貌の解明がなされないままでは、被害者が取り残されるとして、多くの被害者団体や、地域住民から健康調査を求める声が上げられている。しかし、それでも、国は健康調査に乗り出そうとしない。
　国が健康調査を実施しない表向きの理由は、曝露がなくなっている現状において症状のみを調査しても曝露との因果関係を明らかに出来ないというものである。しかし、実際には、被害を覆い隠し、被害を小さく見積もるために、国は健康調査を実施してこなかったのである。
　集団的な健康被害を把握する上で、健康調査、とりわけ地域住民全員の悉皆調査は極めて重要である。原因物質と健康被害との因果関係が必ずしも判然としないとき、疫学調査の結果が有力な判断材料となるからである。

現に、2009年9月20日と21日の両日にかけて、約1000名を対象として行われた、民間医師による不知火海沿岸住民健康調査においては、行政が水俣病被害者の存在を認めない地域にも、多くの潜在患者がいることが明らかにされた。受診歴を見ると、これまで検診を受けたことのない人が9割近くに上った。

　また、受診者の中には、これまで症状を抱えていながら、それが水俣病の症状であることを全く知らなかったという人や、いわゆる劇症型の人だけが水俣病であると考えており、軽症の場合には水俣病ではないと考えていた人も珍しくなかった。この調査結果からも、国により、大規模かつ悉皆的な健康調査が実施されなかったこと、そして、正確な情報が地域住民に知らされなかったことが、現在においてもなお、多くの被害者を取り残す要因となってきたことは明らかである。

　そして、この構図は、原爆症の問題においても同様である。国は、これまで一貫して、内部被曝の影響は無視してよいと言い続けてきた。しかし、熊本では、2004年、県内の被爆者300名を対象に健康調査を実施した（プロジェクト04）。調査の結果、国が放射線の影響はないとしている遠距離被爆者も、非被爆者に比べて多くの病歴を有していることが判明した（第Ⅱ部第2章［2］参照）。ここでも、被害実態の解明のために健康調査がいかに重要であるかが見て取れる。

　この水俣病、原爆症の経験に鑑みれば、福島原発事故による被害実態の解明のためには、地域住民の悉皆的な健康調査が是非とも必要である。そうでなければ、何らかの救済措置が講じられたとしても、数十年あるいは百年単位で、水俣病や原爆症と同様に、被害が取り残されてしまうことは必至である。特に、福島原発事故による放射線被害の影響が、健康被害としてどのように現れてくるのかについては、未知の領域であるということもあり、継続的かつ広範な健康調査が必要であることは言うまでもない。

　もっとも、国が、これまで被害を矮小化するために健康調査を実施してこなかったという経験や、内部被曝の影響をないものとしようとする態度に鑑みれば、健康調査を国任せにしてしまうことは、かえって被害を覆い隠しかねない。

水俣病や原爆症においても、被害実態を明らかにしてきたのは、民間医師や被害者と向き合ってきた研究者、弁護士、多くの支援者等であった。

　福島原発事故においても、原発を推進してきた国に、国の責任において健康調査を実施することを求めつつ、民間医師、専門家の協力を得ながら、国民が、その調査のあり方や情報提供のあり方を監視し続けることが必要である。

　健康調査による被害全貌の解明なくして、すべての被害者の救済はありえない。そのことは、水俣病を巡る現状が物語っている。未曾有の公害である水俣病の経験を二度と繰り返さないために、この教訓を福島に伝えたい。

「熊本日日新聞」2011年7月3日

［2］すべての被害者救済を

弁護士　国宗直子

　水俣病問題においては、「すべての被害者救済」が重要なテーマとして掲げられてきた。しかしながら、水俣でこれを達成したという教訓をここで提示できないことは残念である。水俣では公式発見（1956 年）からの長い取り組みの中で、常に真相が隠蔽され、被害者が切り捨てられ、低い賠償額に抑えられてきた。現段階においても、病像、対象地域の線引き、発症年代による線引きなどによる切り捨て策は続いており、これらとのたたかいが現地で進められている。これらの苦い経験から、福島における原発事故の被害救済に対する視点の提供は可能だろう。

1　すべての被害者救済と健康調査

　まず、この「すべての被害者救済」というスローガンを敢然と掲げることが重要である。そしてこれを実現するために不可欠なのは、被害の実態を十分に把握することである。被害というのは行政が先験的に内容を決定するものではない。現に起きている被害について被害者からの聴き取りを含む十分な調査がなされる必要がある。その上でその被害に対する見合った補償や対策が必要となる。また水俣では実現されていない放射能の影響があった地域での全住民の健康調査も必要である。

2　すべての被害

　原発事故で考えられる被害は多様である。
　①放射能による健康被害。これについては長期間のかつ広範な地域における追跡調査の必要がある。この場合、中心は内部被曝による健康調査ということになるから、内部被曝についての知見が公的に明らかにされるこ

とも重要となる。原爆症認定において国は常に内部被曝を無視するか過小評価してきた。原爆症認定と同様の被害切り捨てを許してはならない。

②避難を余儀なくされたことについては、これに伴う生活補償、利用できなくなった財産補償、従前のコミュニティを奪われたことへの補償等々。この場合避難区域外から自主避難した人たちの被害についても正当に評価されなければならない。

③放射能による水質・土壌汚染により農業者・漁業者が受ける産業被害。これに関しては「風評被害」という言い方が公然と言われているが、福島の原発事故により広範囲に放射能汚染が広がったことは事実であり、これにより生じた買い控えによる被害を「風評被害」というのは、放射能汚染被害を矮小化するものであり、被害の切り捨てにつながっていく可能性があるので注意が必要である。

④放射性降下物による地域全体の汚染と自然破壊。これは、完全な除染は不可能なほどに地域社会にもたらされた大きな被害である。

その他、調査に基づいてあらゆる被害の実態が明らかにされなければならない。

3　完全補償

これらの被害については、完全な補償が行われなければならない。

金銭による補償が低額に切り下げられることは許されず、被害補償は原状回復に代わるものであることが正当に評価されなければならない。また、金銭賠償のみではなく、長期にわたる健康管理も補償の内容とされなければならない。さらには、破壊された地域や自然を回復する措置についても適切に行われなければならない。

4　再発防止

このような被害が繰り返されないための措置も重要であり、安易な原発の再開など問題外である。

5　責任の主体

　これらの補償を誰が行うべきなのか。
　原因企業である東電の責任をいささかも矮小化させてはならない。当初、地震の被害も含めて「想定外」という言葉が氾濫した。しかし、東電が福島原発に想定されるべき事故防止策を行っていなかったことは明らかになってきている。原発事故は「想定外」ではなかった。さすがに東電は、現時点で、「原子力損害の賠償に関する法律」3条1項但し書きの「その損害が異常に巨大な天災地変又は社会的動乱によって生じたものであるとき」の免責規定の適用を主張してはいないが、地震規模の大きさが東電の責任を軽減するものではないことを肝に命ずべきである。
　水俣病では、水俣病特措法を経て、チッソは分社化を実施し、その補償責任内容を限定し、他方では利潤追求を図るという動きに出ている。同様の責任逃れを東電に許してはならない。特に福島での健康被害はこの先数十年にわたり（いやもっとかもしれない）追跡調査されなければならないものだけに、早期の補償額の確定など不可能だからである。東電は将来にわたり責任を負い続けなければならない。
　さらに忘れてならないのは国の責任である。2012年8月3日に成立した原子力損害賠償支援機構法によれば、東電が第一義的責任を有するが、国はこれを経済的に支援するとなっている。この構図は、水俣病特措法の構図と同じである。水俣病では、国の不法行為責任がすでに最高裁判決で確定しているにもかかわらず、国の関与はチッソを前面に立てたものとなっている。しかし、原発の推進は国策として進められたものであり、国にも直接的責任が問われるべきである。そうすることで、東電やその株主、関連企業に補償のためすべての資産を投じさせることも、長期にわたる健康管理や地域や自然の再生についても行政の法的な責任において、果たさせる道も開ける。

6　責任を果たさせる力

　こうしたすべての被害者の救済を目指す道は、おそらく容易ではない。この実現のためには、多様な側面を持つあらゆる被害者の結束が求められるし、広範な国民の支援も欠かせない。水俣病では、いくつもの被害者団体に分裂させられてきたことが解決を困難にしたという側面を持っている。企業や国の側は常に被害者側に分断を持ち込もうとする。こうした傾向に警戒しつつ、大きな国民運動を展開してこそ、企業や国に対し、正当に責任を果たさせることが可能になり、さらには同じことを繰り返させないことにつながるだろう。

シンポジウム「水俣の教訓を福島へ Part2」（2011年11月5日）

［3］原発を全面廃炉に

弁護士　田中芳典

　今日本には、福島第一原発を含め、全国に原発が54基存在する。その数はアメリカ（14基）、フランス（59基）に次いで、世界第3位である（2010年1月現在）。しかし、アメリカ、フランスに比して日本の国土面積が小さいことは言うまでもない。日本の原発密度は、世界と比べても異常に高い。

　また日本は言わずと知れた地震大国である。1975年から2000年までに、日本で発生した震度5以上の地震の回数は、3954回である。他方、例えば原発数第2位のフランスでは、同時期に発生した震度5以上の地震の回数は、わずかに2回であった。

　つまり日本は、小さい国土の中に多くの原発を建設し、そのどれもが、地震による事故の危険性にさらされながら操業していたのである。

　このような状況で福島第一原発事故が発生した。しかし、その異常な数の原発数と、地震大国という立地を考えれば、いつこのような事故が起きても、おかしくはなかったといえる。

　福島第一原発事故が発生する前から、原子力発電所の操業停止、あるいは建設反対を求める住民運動は各地で起こり、裁判も提起されてきた。もちろん、その中には、今回のように、地震により、原発に多大なる影響が発生する可能性があることも主張されている。

　しかし、裁判所は悉く住民側を敗訴させた（勝利したのはわずかに2回、しかもいずれも上級審で覆されている）。結局一度も、裁判により原発が廃炉となったことはない。これらの裁判の結果が違っていれば、もしかしたら今回のような事故が発生しなかったかもしれない。

　福島第一原発事故により、「原子力発電」に対する国民の見方は大きく変化した。これまで、漠然としか感じてこなかった「原発の危険」という

ものを、連日の報道や映像を通して、今まさに自分たちの身近にある危険として感じることとなった。

　今でも、原発周辺では、立ち入ることすらできない地域がある。その地域で暮らしていた住民は、家を失い、仕事を失い、郷里を失った。言葉では簡単だが、一日で暮らしそのものが奪われることの衝撃は、想像もつかない。映像を通してみれば、何一つ変わっていない町の様子が、余計にその悲惨さを物語っている。

　影響は原発周辺の地域にとどまらない。原発事故により、多量の放射性物質が空中そして海中に放出された。それにより、原発周辺の住民が被曝している可能性は十分にある。また福島県や隣接県の農作物や、原発近海の魚介類の一部も、出荷停止となっておりそれらを生業としている人々に大打撃を与えている。さらに言えば、出荷停止となっていない作物・魚介類についても、風評被害が発生している。

　また、空中に放出された放射性物質は、東京など福島原発から相当程度離れたところまで飛散していると言われている。

　このように原発事故により影響を受ける人々は数え切れない。こうなる可能性のある原子力発電所が、まだ50基以上もある日本は、やはり異常である。

　2012年3月10日、11日に日本世論調査会が実施した世論調査では、対象者の約8割が「脱原発」を支持するとの結果が示された。原発事故の悲惨さをみれば、結果は当然といえる。

　2012年5月5日に、日本の原発はすべてその操業を停止した。これは、1970年に、当時2基しかなかった原発が点検のため同時に停止して以来、実に42年ぶりのことである。電力会社は、火力発電等、他の代替手段をもって電力供給を維持している。しかし、すべての原発が操業を停止しても、電力供給にさほどの支障がない現状をみると、本当に54基もの原発が必要だったのか疑問に思わざるを得ない。

　これまで国は、原子力発電について、「二酸化炭素の排出が少ないクリーンなエネルギーである」などと広報し、原子力発電の有用性を訴えて

きた。チェルノブイリ、スリーマイル島の事故は発生していたものの、その危険性よりも、それによる利便性を優先し、結果このような悲劇を招いてしまった。

　私たちは、原爆、そして原発事故を経験した人間として、これから、世界に率先して、「脱原発」に向けた取り組みをしなければならない。それが、今の子どもたち、そして今後生まれてくる人々の生活を守るために、私たちに課せられた使命である。

　今日本では、原発の操業差し止めを求める訴訟が各地で提起されている。九州でも玄海原子力発電所（佐賀県）の操業差止を求める裁判が佐賀地方裁判所に提訴され、川内原子力発電所（鹿児島県）の操業差止を求める裁判も鹿児島地方裁判所に提訴された。

　これらの裁判が、原発の全面廃炉の契機となり、日本から原発の脅威が消えることを、切に願う。

「西日本新聞」2012年6月16日

第6章　若手対談〜原爆症認定訴訟に関わって

弁護士 松岡智之 × 弁護士 池田　泉

松岡：私が原爆症訴訟の弁護団に加わったのは、平成22年12月になります。当時、原告団及び弁護団は、平成23年1月13日の熊本第2次訴訟の提訴に向けて準備を進めていました。12月21日、寺内大介弁護士と熊本県被団協の中山高光さんと3人で、私が訴訟で担当する原告さんのお宅を訪問したのが私の弁護団としての最初の仕事です。この日、原告の方から、原爆症によって受けてきた苦しみに関して様々なお話をお聞きし、まだまだ原爆症問題は解決していないと痛感しました。池田先生は、どういったきっかけで原爆症認定訴訟に参加されたのですか？

池田：私は、弁護士としてまだ駆け出しなのですが、入所した事務所の国宗弁護士と菅弁護士が弁護団に入っていて、熊本でも、今なお原爆症訴訟が係属しているんだと知ったのがきっかけです。恥ずかしいことに、それまで、原爆症訴訟の弁護団が結成されていることすら知らなかったくらいです。

　ただ、漠然と戦争反対という気持ちがあったことと、中学生のころ、修学旅行で広島に行って、原爆被害について勉強したことがかなり強く印象に残っていて、私も原爆症認定訴訟に参加しようと思いました。

松岡：私も、当時在籍していた事務所の代表弁護士が、平成21年8月に終結した熊本第1次訴訟の弁護団だったことも、弁護団に参加するきっかけになりました。玉名市にあった事務所は、第1次訴訟において、県北の原告を担当する事務所になっていました。県北の地には、長崎で被爆された方が多数住んでおられます。集団訴訟は多くの時間と労力がかかりますので、事務所のボス弁の理解と協力があったので参加しやすかったです。

池田先生は、私も参加しているノーモア・ミナマタの弁護団にも参加されていますが、公害訴訟に興味を持たれたきっかけは何ですか？

池田：水俣病といえば、小学生のころの教科書に載っているような、甚大な被害をもたらした公害ですよね。なんだか、すでに歴史になっているというか、過去の被害という認識だったのですが、司法試験の勉強中や修習期間を通して、まだ水俣病の問題に関わっておられる弁護士さんがいるということを知りました。それで、水俣病に関する訴訟に興味を持つようになりました。

松岡：確か、昨年の熊本県弁護士会が主催する修習生の公害環境プログラムに参加されていましたよね？　参加されていかがでしたか？

池田：公害環境問題というと、最初から多くの人が声をあげているように思うのですが、始まりは少人数の声から始まるのだなあ、と。私は、今、弁護士になりたてですから、あるべき弁護士像を手探りしている時期なのですが、そういった少人数の声に真摯に耳を傾ける姿勢、あと、実行力、そういったものが必要だと思いました。それから、「環境」問題といっても、様々な側面から問題を見て解決の方向を探らないといけないなあ、と。例えば、川辺川利水訴訟に関していうと、ダムを作ることに伴って水質が悪化するという環境問題のみならず、ダムに水没する地区の人々のつながり、コミュニティの維持などにも目を向けられるか。現地に赴いてそういう法律論以外に目を向けることが必要なんだと思いました。こういうことは、実際に現地に行って初めて実感することなので、公害環境プログラムに参加したことは、非常に勉強になりました。

松岡：熊本は、水俣病訴訟をはじめ、川辺川利水訴訟、ハンセン病訴訟など、集団訴訟の多かった地ですので、熊本で修習をする修習生が、公害環境プログラムで公害環境問題に対する関心を強めてくれることはとても意義のあることだと思います。

　ノーモア・ミナマタの弁護団では、運動面での活動が多かったのですが、原爆症認定訴訟では訴状の一部や準備書面の作成も担当させてもらい、ノーモア・ミナマタの弁護団とはまた違ったやりがいを感じているところです。

池田先生も原告を1人担当されていますが、実際に担当されていかがですか？

池田：責任の重さを痛感します。なにより、ご本人から直接原爆投下時の様子や、その後の生活、病歴、そういった生々しいお話をお聞きする訳ですから、眼の前におられる原告の方を、なんとかして救済されるようにしなければならない、そのために精一杯頑張らなければと、自分の中から湧き上がってくる思いがあります。原告の方のお話を聞けば聞くほど、どうしてこんなに苦しんでいる人が救済されないのかと思います。

松岡：私が、原爆症認定訴訟をやっていて憤りを感じるのは、訴訟をしない限り被害者救済をしようとしない国の態度です。これは、水俣病訴訟の際にも感じたことですが、高齢である原告さんのことを思うと、行政による迅速な救済をしない国の態度に怒りを感じてしまいます。特に、原爆症認定に関しては、平成21年8月6日、麻生太郎総理大臣（当時）と被団協との間に、新たな訴訟の提起が必要のない解決を図ることが確認されたにもかかわらず、再び裁判をしなければならないことにむなしさを感じてしまいます。私の担当原告さんも、高齢で体調が悪いので、早く裁判が解決することを願っておられます。

池田：原告の方が高齢でいらっしゃるというのは、長いこと救済されずに放置されてきたことの証ですよね。一刻も早く解決すべきだと思います。
　ところで、松岡先生が原爆訴訟に関わられて印象に残っていらっしゃることってありますか。

松岡：この1年間の訴訟で一番印象に残っているのは、私の担当する原告さんが裁判所で行った意見陳述です。涙を流しながら原爆症による苦しみを訴えられた姿が忘れられません。

池田：そうなんですか……。なんとしてでも救済されるように、手を尽くさなければなりませんね。原発のある現代、いつ被曝の危険が生じるか分からないですし、放射能被害が他人事だとは思えません。

松岡：熊本第2次訴訟の提訴の約2ヶ月後の平成23年3月11日、東日本大震災が発生しました。被爆から約66年経過した平成23年、再び放射能の被害が発生することについて、大きなショックを受けました。

池田：内部被曝、という言葉も一般的になりましたね。皮肉なことですが、今の東日本大震災による放射能汚染によって、原爆投下による被害の重さが一層明らかになったというか、そういう感じがします。原爆症認定訴訟の原告の方の多くは半径数キロメートル圏内にいらしたわけですから、福島第一原発の放射能汚染の被害と比べ物にならないくらい爆心地に近い……。

松岡：原爆症弁護団が、ノーモア・ミナマタ弁護団と一緒に開催したシンポジウム「水俣の教訓を福島へ」には、会場に入りきれない数の人に来ていただきました。東日本大震災をきっかけに、水俣病や原爆症などの公害問題に対する世論の関心が非常に高まっていることの表れだと感じました。

池田：原爆や水俣病問題が、一般の人にとって過去の出来事だったのに対し、東日本大震災は、今まさに現代の私達が直面する問題です。ただ、すでに、被災者以外の人々の関心が薄れてきているように思いませんか。

松岡：震災から1年が経過し、原発問題に関する関心が徐々に弱まっていくのではないかが心配です。水俣病及び原爆症の訴訟に関わる弁護士として、これからも原発の危険性を訴えていくことが大事だと思います。

池田：そうですね。広く一般の人に、分かりやすく問題を提起していくことは重要な役割だと思います。

松岡：熊本第2次訴訟が始まって1年以上が経過しました。いまさら内部被曝の影響を否定する書面を提出し、時間稼ぎをしているようにしか思えない国の態度には怒りを覚えます。高齢な原告のためにも、現在闘っている訴訟について、早期解決のために頑張りたいと思います。

池田：私も、早期解決のために頑張ります。

松岡：がんばりましょう。

池田：よろしくお願いします。

第7章　特別寄稿

ミナマタからみた原発事故による健康影響調査

医師　高岡　滋

1　環境被害における健康調査の重要性

　環境汚染物質をある企業が撒き散らした場合、そもそも論で考えるならば、健康被害の程度にかかわらず、その企業は環境と生物に引き起こした異変に対する復元措置を講じ、人体被害に対する補償をおこなうべきである。しかしながら、結局のところ、法的問題が汚染の人間に対する被害に対してのみしか問われないという理由で、企業と行政は、医学などの関連する科学分野を支配し、人体被害をなかったことにして、その責任を逃れようとするのが旧来から踏襲されてきた行動パターンである。
　当然のこととして、環境汚染が発生した際、健康被害のモニタリングが公衆衛生学的に重要なことであるが、このような事情から、社会的な面からも健康障害の有無の検索が最も重要になってくる。当然、健康被害が現れる前の段階において、予防策を講じるべきであるのだが、隠されようとする「起こってしまった」人体健康影響を立証することなしに、汚染企業の責任は追及されないし、補償もないというのが、水俣病の歴史であった。このことは、同時に、科学的事実の隠蔽でもある。

2　健康調査のもつ二つの意味

　水俣病が始まったとき、いつごろまでにどのような健康障害が起こり、

将来どのような形で拡大あるいは終息していくか、という、メチル水銀による健康障害の全貌は分からなかった。政府は調査を行わず、逆に病像解明を妨害していくなかで、民間医師らの蓄積により、メチル水銀の健康影響が徐々に明らかになってきた。

東日本一帯（あるいは日本全体）の健康障害がどのように出現してくるかについては、これまでのチェルノブイリなどの経験から想定できるところもあるが、拡散された核種や量、分布、被曝の様態などの違い、人々の生活状態や人口密度などの違いがあり、チェルノブイリで把握されてこなかった事実もあると考えられる。環境汚染においては、多くの場合、同一事例が過去には存在しないことから、今後日本全域にどのような健康障害が生じてくるかについては、過去の研究を参考しつつも、一旦、頭を白紙にもどして病像を構築していく構えを持たなければならない。

また、病像を構築するだけでなく、健康被害を診断、治療、予防していく立場からも、健康調査は必要である。その際、公衆衛生学における科学的対応の中には予防原則的対応も含まれるべきであることを考慮しなければならない。

このように、調査には、大きく分けて、病像構築と健康障害の診断という二つの目的が存在することになる。このことを理解せず、「まだ調査の段階ではない」とか、「そんなに影響を気にしなくて良いのでは」などという意見が現場の医師達から聞かれることがある。このような発言は、「調査もせずに、結論を出してしまっている」ことを意味する。影響がないことを立証しようとすることでさえ調査しなければ分からない、ということが理解されなければならない。

3　「被曝─健康影響」関係の検討

汚染物質による健康障害の評価には、曝露（被曝）と健康影響の両方の情報が必要である。この「被曝─影響」関係をみていくのが、因果関係を追求していく基礎である。被曝の指標は、シーベルト（Sv：外部被曝の実効線量）やベクレル（Bq：単位時間当たりの放射線放出能）などの数

値で表されることが多いが、ここに落とし穴がある。線量計をつけてでもいない限り、実際の累積の外部被曝量を正確に表すことも困難である。

内部被曝の影響をどのように評価するかは学者により大きく分かれる。ホールボディカウンターや尿中放射性セシウムなどのデータが存在すれば、参考にはなるが完全ではない。内部被曝をシーベルト単位で表現しようとすること自体が問題をはらんでいる。また、チェルノブイリや東日本でも確認されている放射性微粒子（ホット・パーティクル）による局所高線量被曝の影響については未知の領域である。

以上のような事情から、居住歴、生活歴、飲食物入手ルートなどのアナログ情報が非常に重要である。毛髪などのメチル水銀測定をされてこなかった水俣周辺地域住民の曝露条件として、居住歴や魚介類喫食歴が重要であるのと同様である。

外部被曝に対する健康影響のなかでエビデンスの指標として一貫して用いられてきたのは「癌死」である。しかし、これは健康影響の指標としては、鈍感すぎると考えるべきである。特に内部被曝が問題となる事例に関する疫学調査というのはこれまで十分におこなわれてこなかった。福島第一原発事故に最も類似した被曝を引き起こしたチェルノブイリ事故の影響についての調査研究では、少数の英文で書かれた研究結果のみを材料としたIAEA、ICRPと、スラブ系言語で書かれた論文もふくめた、ヤブロコフら編集のチェルノブイリ報告では、示された被害の実態が大きく異なっている。

ICRPは、チェルノブイリでの内部被曝による健康影響は甲状腺癌のみとしているが、ヤブロコフら編集の報告では、発癌、癌死以外に、有病率、死亡率、加齢、良性腫瘍、循環器・内分泌・呼吸器・消化器・泌尿生殖器・骨格筋肉系・神経系・皮膚・感染症・遺伝子損傷・先天奇形・幼児死亡・出生率・知能指数低下などが記載されている。このようにターゲットとすべき健康障害の種類も数も非常に多い。

水俣病の場合は、自覚症状、神経所見、感覚定量検査などを指標として用いているが、このような事情から、放射線の場合にどの指標を用いるかは、検討課題である。できれば感度も特異度も高い指標がよかろうが、健

康指標としての基礎的な情報という点で自覚症状は必ず含まれるべきだし、標的臓器によっては臨床検査も有用である。また、検査対象者や倫理的問題をクリアした上で、染色体検査なども行われるべきである。

メチル水銀などの化学物質と比較したとき注意しなければならないことは、メチル水銀の人体影響のあり方は、放射線における確定的影響に近いものであるが、低線量放射線や内部被曝の影響は確率的影響の側面が強いということである。

調査手法としては、一定の地域全体を対象とした横断研究が最も望ましいが、困難な側面もある。自覚症状を有する人々のみのデータ、希望者のみのデータであっても、特異性など、データに特徴があれば、より有用となるだろう。また、疫学における健康影響指標として何を用いるかを選択する際、被曝との関連性が疑われる症候や疾病に関する情報が重要である。そういう意味では、被曝を疑われる現場の一例一例が重要となる。

4　行政の隠蔽姿勢

本来、情報収集の主役となるべき厚労省や学会などの公的機関は、被曝や健康状態の把握よりも、その隠蔽に尽力しているようである。被曝情報については、原発事故直後の2011年3月18日に、日本気象学会理事長が、学会員が個別に被曝に関する情報を提供したりしないようにという通達を出している。被災地での調査に関しては、2011年5月16日、文科省ライフサイエンス課と厚労省厚生科学課が大学や研究機関に流した「被災地で実施される調査・研究について」という通達のなかで、調査の重複への配慮、倫理委員会の審査、関係自治体との調整にわざわざ言及している。このような動きは、研究に対する制限として悪用される危険性を孕んでいる。

2011年6月、政府は、全福島県民を対象として健康調査を30年間実施し、そのために1000億円の基金を設立すると発表した。しかしながら、同年9月15日には総務省が、同年10月17日には厚生労働省が、通常の調査として当然おこなわれるべき患者調査を「宮城県の一部地域及び福島県の全域について調査を行わない旨決定し、当該県へ連絡済み」とした。

ルーチンの調査も削るような姿勢をみると、真面目な調査は望むべくもないだろう。

5　個別症例検討の重要性

ということで、水俣病と同じく、政府に対して継続的で広範な被曝—健康調査を要求しつつも、民間の医師・専門家・住民で、独自の健康調査を組織していく必要がある。現段階では、長期的で広範な疫学調査を念頭に置きつつも、住民について個別の被曝情報を確保すること、健康被害については未知の領域が存在するため、被曝との関連が疑われる情報については一例報告であっても記載されるべき、という点をよくふまえておくことが重要である。

臨床に真面目に取り組んでいる医師の中にも、「他の原因も考えられ、因果関係が断定できない」と言って、個別症例を軽視する者が存在する。これは思考が逆転している。因果関係が分からないからこそ、個別症例が放射線と関連ある可能性（仮説）を検討しなければならないのであり、医学的に当然のことなのである。医学は演繹法と帰納法の組み合わせで進んでいくが、通常の診断が既存知識に依存し演繹法の側面が強いのに対して、未知の健康障害の把握のためには帰納法的推論がより重要になってくる。

個別症例を詳細に調査していく中で、はじめて因果関係についての考察が深まっていく。水俣病でネコが踊り狂い、カラスがばたばた落ちた時に、汚染を疑っていれば、被害はもっと少なくてすんだのである。

"プロジェクト04" にとりくんで

熊本県民主医療機関連合会　川端眞須代

　熊本原爆症集団訴訟が闘われる中で、被爆者の被爆60年後の健康障害を正確に把握する必要から、2004年、被爆者と非被爆者の集団健康比較調査（"プロジェクト04"）が行われました。その事務局を私が担当することになりました。当時、私は熊本の原告を支え続けた牟田医師が院長を務める平和クリニックに勤務していました。同クリニックには戦争中長崎の三菱造船所や兵器工場に熊本から学徒動員され、原爆被害に遭った方が多数通院されていました。日常的に被爆者と関わりがあるとの理由で、私が担当になったのだと思います。

　私は通院される被爆者から、「あの時原爆さえ遭わなければ、こんな病気にならずにすんだ」という無念の声をよく聞いていました。この調査が始まると知り、被爆者の勝利のために全力で頑張ろうと心に決めました。

　"プロジェクト04"は、毎週土曜日の午後と日曜日、熊本市内にあるくわみず病院を主会場に4つのクリニックで約1年かけておこなわれました。被爆者と非被爆者の健康比較調査のために、それぞれの調査対象者の確保が必要でした。その方たちを探し、調査を受けてもらうのが私の大きな仕事でした。

　被爆者は熊本県被団協のみなさんに協力を依頼しました。調査に来てもらうために、役員のみなさんが手分けして会員に電話を入れ、働きかけてくれました。私も弁護士と共に天草、八代をはじめ県下の会員さんに協力をお願いするために出かけました。会の呼びかけに応え、約300名の方が調査に応じてくれました。被爆者のみなさんのこの裁判にかける熱意を見た思いでした。

　その一方で、比較対象者である非被爆者の協力者を確保することは、労力が要りました。比較するためには、被爆者と同じ年齢構成でなければならないこと、また統計上被爆者の倍の人の調査が必要だったからです。

いくつもの労働組合を何度も訪ね、裁判や調査の意義を訴えました。その結果、教職員組合や自治労・全農林のOBのみなさん、年金者組合のみなさんから、次々に協力が得られるようになりました。調査会場は大勢の人であふれました。以前は、原水爆禁止運動の分裂のなかで対立した人たちもあったようですが、被爆者の裁判を勝利させたいとの思いは同じで、調査が終わると裁判に役立てたことに満足を感じられたのか、ほっとした顔で帰られた姿が印象的でした。

また調査する側も、約500名のボランティアの協力が必要でした。これには労組や民主団体、法律事務所の事務員、特に熊本県民医連では8割の職員が参加しました。調査員には入念な研修が施されました。調査は丁寧に、被爆状況や急性症状の有無、これまでの病気などについて聴き取り、最後に必ず医師が確認する方式で進められました。

医師は、民医連をはじめ反核医師の会、保険医協会の医師に依頼し協力を得ました。

調査対象者のなかには高齢や遠方のため自分では調査会場に来れない人もいましたが、ボランティアの協力で送迎をし、参加してもらうことができました。

「どうしてこんな調査が熊本で出来たのか」と良く聞かれます。それは大規模な調査活動の経験・蓄積があったからだと思います。熊本では、水俣病や川辺川利水訴訟の裁判で数千人規模の調査が行われたことがあります。「これをやらなければ明らかにならないのなら、やるしかない。」と、当然のごとく先輩達は行ってきました。今回も「裁判に勝つために必要なら、やるしかない。」と取り組んだのです。

調査の結果、被爆60年後の被爆者と非被爆者の健康障害の差が明らかになりました。それは、国の認定基準の誤りを正すものでした。国は1990年以降被爆者の健康調査をしていませんが、90年以降に癌の発生、しかも多重癌の発生が多くみられました。また国は、残留放射線や内部被曝を否定していますが、遠距離や入市被爆者にも多く急性症状がみられました。何よりも被爆したあとの健康障害は、何十年経っても続いていることを示唆しています。

調査では、初めて心の内を明かしてくれた被爆者もいました。家族にさえ被爆していることを隠していた方、被爆体験やその後の苦しみをだれにも明かさずにきた方もいました。今回初めて被爆後の人生を語り「これで安心して死ねる。何の落ち度もない自分たちが原爆に遭い、どれだけ大変な思いをして生きたのかやっと伝えることが出来た」「原爆がもとで心や体に起こった変化をしっかり記録に残しておいてほしい」などを語り、話し終わると晴れやかに会場を後にした方もいました。被爆後何重もの苦しみの中で生き抜いてきた被爆者の人生にふれ、原爆が人の生命や暮らしをどれほど踏みにじったか、悔しさで涙があふれたこともありました。

　今回は熊本だけの限られた人数の調査でしたが、もっと多くの人たちの調査ができればさらに被爆者の健康被害が明らかになると思われます。癌などの発生も経年的に調査をすることでもっと明らかになるでしょう。原爆被害の実相はまだまだ明らかではありません。

　昨年福島で原発事故がありました。高濃度の放射能汚染の後、低線量の放射線被害が長期に続いています。この様な場合の健康障害は未知の分野です。今度こそ、国は被爆者を放置しないで被害の全容を明らかにしてほしいと思います。そのことが、原爆被爆者の「ふたたび世界のどこにも被爆者をつくらせない」との願いを実現する一歩になると思うからです。

プロジェクト04の会場となったくわみず病院

水俣、原爆、そして原発

熊本中央法律事務所　事務長　中山裕二

　水俣協立病院を退職して、熊本中央法律事務所に入ったのは、2003年6月のことです。原爆症認定訴訟が始まるということが、大きな動機でした。水俣病で経験したことを新たに始まるたたかいに生かし、非力は承知でがんばりたいと思いました。

　03年6月の第一次提訴から07年10月の17次提訴まで、弁護団事務局事務所の担当者としてかかわりましたが、提訴のたびに被爆者のみなさんの壮絶で過酷な被爆体験に思いを寄せ、核兵器をなくしたいという強い意志に感動しました。

　現場検証は、準備段階から何度も長崎市に出向きました。05年11月に実施されましたが、裁判官に現場を見てもらう重要な機会であり、水俣病の裁判でも必ず実施してきました。勝訴判決を得るための欠くことのできないものです。ただ、被爆から60年が経過しており、何ができるかという不安はありました。当時の地図、写真を準備し、何より原告のみなさんの証言が、裁判官の心を打ちました。現場で時折涙を流しながら自らの被曝地点近くで語られる証言は、60年の年月を経てもなお生々しく、当時を彷彿とさせるものでした。被曝された方々は、様々な思いを抱きながら生きてこられたのだと思うのと同時に、ある意味で時間が止まっているのだと感じました。

　また、被爆者と非被爆者の健康状態を比較しようというプロジェクト04は、爆心地から2km以遠や原爆投下後に爆心地に入った入市被爆者にも非被爆者の2倍の割合でガンを発症するということを証明することになりました。私は、このような調査は、当然なされていると思っていましたが、初めてのことだと聞き、びっくりしました。内部被曝の証明にもつながったこの調査は勝利判決に貢献し、重要な成果でした。被爆者のみなさんと年齢構成の同じ対照となる非被爆者の集団をつくるために、定年退職をされたみなさんの労働組合やOB会などに幾度となく足を運び、協力を

いただくことができました。

　水俣病との類似点は、様々ありますが、認定制度にまつわる仕組みは、水俣病のそれと全く同じでした。認定基準や制度の運用は、まったくの相似形でした。被害の実相を無視した厳しい基準は、被爆者の切り捨てに作用していました。一番驚いたのは、毎年の認定数が、その年に亡くなった方の人数を超えず、原爆症と認定された存命の被爆者は、2000人で推移しているということでした。加害者の支払能力（予算）に応じて認定数が決まるというのは、水俣病とまったく同じでした。

　11年3月、東日本大震災が発生しました。地震直後から刻々とテレビに映し出される被害の情況は、信じがたいものでした。追い打ちをかけるように東電福島第一原子力発電所の事故がおき世界中を揺るがしました。

　原発がひとたびコントロールを失うとどのようになるのかが、白日のもとにさらされました。「ただちに健康に影響するものではない」と繰り返す官房長官には、本当に怒りを覚えました。被爆者のみなさんが掲げた、被爆者は自分たちで最後にという「ノーモアヒバクシャ」のスローガンを政府が踏みにじり、新たな被爆者を生み出してしまいました。

　その後の政府、東京電力の対応は、いかに責任を逃れ、被害を小さく見せるかに終始しています。私には、彼らの顔や言動が、かつてのチッソ幹部のそれと重なり、権力者や大企業はいつも同じことをするものだとつくづく思いました。ましてや地元住民の賠償請求に対し、東京電力が「清算条項」を入れた用紙を準備していると聞いた時には、唖然としました。53年も前にチッソが困窮する水俣病患者に強引に押し付け、のちの裁判で公序良俗に反するとされた見舞金契約そのものでした。さらに100年以上前の足尾鉱毒事件の示談契約書に通じる内容です。

　いま、水俣では、すべての被害者救済をするための懸命の努力がなされています。このことは、今後予想される東電福島第一原発事故による健康被害をきちんと把握し、必要な医療が実現していくうえで、先例となりうる重要な取り組みだと思っています。水俣病について政府は、健康や環境の調査を一貫して拒否していますが、フクシマでは、それを断じて許してはなりません。国と東京電力の責任で除染と健康や環境の調査をきちんと

させなければなりません。

　私も昨年から3回にわたって福島に行く機会があり、地震、津波の被害を目の当たりにしました。福島第一原子力発電所の作業拠点となり物々しい警戒の続くJヴィレッジ近くまで行き、福島のみなさんの嘆きをお聞きすることができました。

　私は、この経験を踏まえて、国と九州電力を被告とし、玄海原発と川内原発の運転差し止めを求める二つの訴訟の原告団に参加しました。原子力は、人間がコントロールできないものであり、いったん惨禍がおきれば、将来にわたって修復が不可能だと思ったからです。子や孫にどのような地球を残せるのか、私たちの世代の重大な責任です。

　それにしても被爆者のみなさんが、高齢に加え必ずしも体調の良くないなか、運動をすすめてこられたことに、本当に頭がさがります。被爆者のみなさんのたたかいは、きわめて倫理的であり崇高なものです。後に続く私たちには、ここまで、がんばっていただいたみなさんのたたかいを引き継いでいく、重大な責任と大きな課題が提起されていると思っています。

川内原発訴訟

多方面から原告参加

差し止め「少しでも力に」

有機農家、福島からの避難者…

鹿児島、熊本、宮崎などの市民1114人が川内原発（鹿児島県薩摩川内市）の運転差し止めを求めて30日、九州電力と国を相手に起こした訴訟。原告の中には、これまで反原発運動に関わってこなかった主婦、サラリーマン、自営業者や福島県から九州に避難してきた人もおり、「少しでも脱原発の力になれば」と訴えている。

川内原発から約40㌔の自宅周辺で有機野菜を育てており、有機農家と消費者の交流を図るNPO法人の事務局長も務める、鹿児島市五ケ別府町の農業、園山宗光さん(29)は原告団に加わった理由をこう語った。「原発事故はチェルノブイリなど遠い世界のことだと思っていた」と振り返る。

「福島の事故で原発の危険性を思い知らされた」。大学卒業後に就農し、原発の危険性は感じていたが、目の当たりにし、考え方が変わった。放射能汚染を恐れる関東などの消費者から有機野菜への注文が急増。自分たちの野菜が求められるのはうれしいものの、「東北の農家のことを考えると、これが本当に正しいことなのか」と思い悩む。

一方、原発事故後、福島県二本松市から子供2人を連れ、知人のいる熊本県に自主避難している主婦／高澤コズエさん(41)も原告の一人。二本松市では山あいの小さな集落で夫と農業を営んできた。自宅に向かうとも信じていたが、「福島の事故検証もこれからなのに、再稼働という言葉が当然のように出てきた」という、つらい重い気持ちと怒りを感じている。「日本から原発をなくすには今が踏ん張りどころ。少しでも脱原発の力に加わりたい」と語った。

原発事故後、福島県二本松市から子供2人を避難先では「ふるさとを捨てて逃げてきたとも残った夫とは1年以上も別居生活を続ける。提訴前夜に鹿児島市内で開かれた集会にも駆けつけた。「事故が起こる前にどうしてもっと真剣に原発をとめようとしなかったのだろう」と後悔する自分もいる。「これ以上日本の国土を汚してほしくない。これ以上不幸になる人を見たくない。この鹿児島の地が美しいまま後世に残せるよう願っている」と訴えた。

玄海原発訴訟で 1178人が追加提訴

過去最多に

30日に提訴された川内原発訴訟と連携し、佐賀県民が国と九州電力を相手に九電玄海原発（佐賀県玄海町）全4基の運転差し止めを求めている訴訟で、佐賀大学長の長谷川照・前原告団長は「国策民営と呼ばれる原子力政策の解体を訴えていきたい」と述べた。

川内原発訴訟と同様に、さらに1178人が同日、佐賀地裁に追加提訴した。原告は38都道府県の計4252人となり、原告団によると、国内の原発訴訟で過去最多という。8月にも1000人規模で4次提訴する方針。

【黒澤敬太郎、垂水友里香】

「毎日新聞」2012年5月31日

第Ⅲ部

意見陳述〜法廷での訴え

第1章　原告の壮絶な訴え

原爆で傷ついて

2003年10月24日　広田フサヨ

　私は、原告番号4番、76歳です。
　私は、長崎市で中心より2.3kmの西坂町の自宅で被爆しました。母の手帳には2.1kmと書いてありました。
　当時、私は大橋町の三菱長崎兵器製作所の庶務課文書係に勤務しており、元気で勤めをしておりましたが、母が「胸騒ぎがするから今日一日は休んでくれ」といいますので、原爆投下の日は休んでおりました。
　当時18歳でした。
　爆音とともに爆風で一瞬あたりが真暗闇になり、近くに爆弾が落ちたと思い、夢中で父母と一緒に私ははだしで逃げ出して、後を振り返った時には家は火に包まれておりました。全焼するのを見届けて、3人で大橋兵器製作所の勤め先に向かって金毘羅山の中腹を長崎医大の裏側を通って、3時間以上かかって辿り着いた時は呆然としました。
　昨日までの姿はなく、建物はくずれ、ガレキの山でした。通る人は、全身火傷、「苦しい」との声、親は子を、子は親を探し、地獄の様です。
　くずれたガレキの中を、上司、友人を探し廻りましたが見つかりません。座ったまま死んでいる人、ガレキに挟まれて死んでいる人、皮膚がただれたり全身火傷の人などがいました。負傷者が道ノ尾の方に運ばれたと聞き、途中日が暮れたので農家に泊めていただき、翌朝早く道ノ尾をめざして行きましたが、顔はやけただれ、腸が出ている人もおります。名前を呼んでも、ただウナリ声だけ。炎天下にずらりと並ばされて、誰が知人かわかりません。まだ続々トラックで運ばれていきます。背中に冷たいものが走り、立ってはいられなくなりました。

大橋から見た長崎市内は、見渡す限り焼け野原。大橋から西坂の焼け跡まで爆心地を歩いて通い、毎日友人知人を探しまわりましたが、消息はわかりませんでした。息を吸ったら吐き出せなくなり、後ろからたたいてもらって吐き出すと、今度は吸い込めない状態になりました。私の様子を見ていた人から「今からそんなことでどうする。まだ戦争は続いているんだぞ」と叱られました。
　真夏の照りつける太陽の下で、食欲がなく、着の身着のままで汗まみれ、泥だらけで、その内全身がだるく、ひどい頭痛や吐き気の症状に苦しみ、髪も抜けはじめました。母は、上を見上げたとき光を見たといって、私と同様立ち上がれなくなりました。父は、私たちの様子に驚き、13日熊本へ帰る決心をして、汽車で帰ってまいりました。
　被爆の日から体の具合も良くなかったので仕事をやめました。
　元気だった父が胃がんで昭和41年に一番早く亡くなり、その後母は平成4年まで健康管理手当てをもらっていましたが、体質が変わって何度か死ぬ目にあった後亡くなりました。
　私は、外見ではわかりませんが、熊本に帰ってから身体の内側がゆれる感じがして、病院に行っても原因がわからないといわれました。
　子宮筋腫や膀胱悪性腫瘍の手術をするうち、ますますゆれるのがひどくなりました。
　最初は足でしたが、最近では食事のあと歩いて疲れた時、腰のあたりや胸のまわり、背中とだんだん身体の上の方までひどくゆれて足がしびれて立っていられなくなります。一日中ゆれていますので夜は眠れなくなり、睡眠薬を飲まないと眠れません。病院でもいろいろ調べていただいておりますが、今のところはわかっておりません。血圧も少し上がり、不安な気持ちでいっぱいです。
　昨年5月31日認定申請をいたしましたが、10月15日却下され、12月6日異議申し立てをいたしましたが、まだ返事はありません。
　両親、私も原爆投下の日のことは一切口にしませんでした。話すにはあまりにも傷つきました。今回の訴訟も匿名で参加させていただいています。訴訟された皆様は、それぞれ病は違いましても苦しみは同じだと思います。

裁判長、皆様、よろしくお願い申し上げます。

放射能の影響におびえて

2003年10月24日　廣瀬昌昭

　私は、本件裁判の原告の広瀬昌昭と申します。現在74歳です。
　私が長崎で被爆したのは15歳ですので、約60年になります。
　私は熊本市で生まれ、藤崎宮のそばにある碩台尋常高等小学校を卒業し、熊本市立工業学校に在学中の1年生の時に、学徒動員で長崎市の立神にあった三菱造船所立神工場の木工部に配置されました。
　昭和20年8月9日午前11時すぎ、長崎造船所立神工場の木工場2階で働いていて休憩をしていたときでした。突然、北側の発電所の方向が一瞬暗くなり、すぐ赤くなりました。それで、発電所が火事だと思い、一緒にいた生徒たちと窓際に行ったところ、爆風で窓のガラスが割れて飛び散り私たちも3メートルくらい吹き飛ばされました。それから、木工所近くの崖にある防空壕まで必死に逃げました。しかし、人がいっぱいで、中には入れませんでした。
　しばらくして、工場に戻りましたが仕事はせず、昼過ぎに寮まで帰りました。体がひどくだるかったことを覚えています。
　しかし、寮のガラスが全部割れてとても住むどころではなかったので、いったん熊本に戻ることになりました。8月15日のまだ暗いうちに、みんな一緒に徒歩で長崎駅に向かいました。しかし、長崎駅まで行くとホームの屋根は飛んでおり、汽車も来ていませんでした。そこで私たちは、さらに歩いて浦上町をとおり、道の尾駅まで行きました。浦上の方に爆弾が落ちたことは当時聞いていました。途中の長崎市街は焼け野が原で、暗がりのなかで馬の死体や人の死体を何度か見ました。とても恐かったことを覚えています。不幸中の幸いですが、とにかく仲間の生徒には死亡者はいませんでした。
　これが原子爆弾だと聞かされましたし、放射能の影響で後には草も木も

生えないと聞いていました。また、放射能の影響で、生まれてくる子供が遺伝の悪い影響があると聞きましたのでとても心配しました。私は、昭和20年代に胆嚢炎をわずらったり、視力が低下しました。昭和31年に結婚しましたが、放射能の影響がなければいいが、と思っていました。

平成8年になって胃がんを早期に発見し治療を受けました。その頃、放射能の影響でガンになるということを聞き心配しました。それから、平成13年に膀胱ガンが見つかりました。

その時に、私が済生会病院で「放射能と関係あるのですかね」と聞いたところ、お医者さんから「原爆を受けた人はガンになりやすいでしょうね」と言われました。私としては、不安でしょうがありません。

私は、10日間連続で合計10回の抗ガン剤の投与を受け、同じ日に放射線治療を受けました。現在、状態は一応落ち着いています。

しかし、私はずっと放射能の影響のことを心配していましたので、こうした不安を持ちながらこれから生きて行くことになります。

私は、国が私の膀胱ガンを放射能の影響によるものだと認めてほしいのです。私自身も長崎で被爆し、終戦の日、長崎市内を数時間も歩き、さらに放射能の曝露を受けました。私としては、膀胱ガンの原因は原爆による放射能しかないと思います。これは、私一人の問題ではありません。原爆を受けた全ての人たちの問題です。

どうか、裁判所において、その真実を正面から認めていただきたいと思います。

地獄のような死体運搬作業

2003年12月19日　志垣秋男

私は、原告の志垣秋男です。現在77歳です。

私は、熊本で生まれ育ち、17歳の時に徴用工として長崎の三菱重工の鋳物工場で働くことになりました。原爆に被爆したのは、18歳の時でした。その時も工場の中で、起重機の運転作業中でした。爆心地から約3.5km

の距離です。その瞬間、工場の建物の壁が爆風で吹き飛ばされ、ほこりやすすのようなもので先が見えないほど真っ暗になりました。足下も見えないような中で、運転台から飛び降り、工場のすぐそばにある防空壕に逃げ込みました。

　私自身は、幸い、けがややけどはありませんでした。そこで、私のように動ける者は、工場の外のけが人の救助作業をすることになりました。工場の班長の指示で、私はけが人を運ぶ役目になりました。4人一組で、担架のようなものに乗せられたけが人を、病院のすぐそばにあった病院まで運ぶ作業です。周囲の家は、ほとんどつぶれてしまっていて、遠くまで見通せるような状況でした。病院だけは、しっかりした作りだったので、建物だけは残っていたのです。まずは工場の近くのけが人を運び、しだいに遠くまで行きました。おぼえているのは、最初は女学生ばかりを運んだことです。病院は、大きな病院だったのですが、何度も運んで行くと、すぐにいっぱいになってしまいました。運んだけが人の人たちは、しかたないので病院の玄関先に並べて行きました。救助作業は、その日1日中続きました。

　翌日になると、もはや生きている人はいませんので、今度は死体の片づけ作業になりました。私は、担架や板に乗せられた死体を運ぶ役目でした。ほかに、死体を探して担架に乗せる作業をする組と、死体を火葬する組とがありました。私は、担架に乗せられている死体を、火葬をする場所まで運ぶのです。火葬は、病院の前にある広場で行われていました。そこまで死体を運ぶのです。まずは工場の周辺の死体から運搬し、しだいに遠くまで行きました。そもそも私は長崎の地理をよく知りませんし、立っている家はありませんでしたので、どのあたりを歩いたのか正確なところはよくわかりません。この作業は、17日に熊本に帰る前まで続けました。死体はだんだんと腐ってきますし、ものすごいくさいにおいでした。担架を肩にかつぐのですが、死体の汁がたれてきて、体ににおいが染みついてしまいました。そのにおいのために、まともにご飯ものどを通りません。この時は、とにかくくさいにおいのことばかり頭にあって、ほかには何にも考えられない状態でした。

今から思えば、まるで地獄のような状況でしたから、普通であれば耐え難いような経験でした。でも、当時の私たちは、感覚が麻痺していたのかもしれません。何にも感じなくなっていました。また、そうでなければやってられないことだったと思います。そのためか、私は、当時の記憶があまり残っていないのです。

　私と同じ作業をしていた同僚たちは、多くの者がガンで死にました。原爆放射線の影響に違いありません。私も食道ガン、胃ガン、左腎平滑筋腫が見つかり、手術を受けました。同僚たちと同じです。遠距離被爆、そして、けが人救出や死体運びの作業中の残留放射能の被曝以外に原因は考えられません。裁判長、どうか事実にしたがった判断をお示しください。

原爆がれきを這い出して

2003年12月19日　村上　務

　私は、昭和19年4月、熊本鉄道郵便局に就職し、同局の乗務員として国鉄で九州を一回りする仕事をしていました。

　昭和20年8月8日、私は、門司から鳥栖を経由して諫早まで乗務し、午後4時、諫早の乗務員宿舎に着きました。諫早の宿舎に着きますと、熊本鉄道郵便局から連絡がありました。「昨夜、久留米の鉄橋が、B29によって爆撃され、汽車の通行が不可能となったので、交替する乗務員が来られない。8月9日朝の長崎行きの汽車に乗務しなさい」と命令されました。

　8月9日午前7時前、私は、長崎鉄道郵便局の大黒町宿舎に着きました。この宿舎は木造でした。

　宿舎に着いた後、私は、下着を洗濯するため、上半身裸になっていました。その時、8月9日午前11時、雷のような物凄い大きな音と、溶接の時のような稲光がして、爆心地である浦上の方向から、物凄い風圧の爆風が来て、建物を押し倒したのです。私は、爆風で押し倒された建物の下敷きとなり、建物の梁で頭・腰・足を押しつぶされ、身動きができない状態

で、もがき苦しんでいました。

　建物の下敷きの中から、そとの人たちの右往左往する足音が聞こえたので、私は、大声で助けを求めました。しかし、現場の人たちは他人の事どころでは無かったようで、助けは来ませんでした。私は、頭の皮がはがれ、髪の毛が抜け、傷だらけになりながら、やっとの思いで、頭上の梁を外しました。次に、身体を動かしながら、腰と足の上の梁を外しました。そして、ありったけの力を出して、家の下敷きから這い出しました。私は、倒れてきた家の梁で身体全体を打ち、頭には傷を負っている状態のために、足腰が立ちませんでした。残骸の上を這いつくばり、大黒町の大通りを四つん這いで這っていき、長崎駅の防空壕へ避難しました。

　防空壕に避難して1時間程経った頃、長崎郵便局の局員の方が2名、交替で私をおんぶして、長崎郵便局まで連れて行かれ、同局の避難所に寝かせてくださいました。2週間後、熊本鉄道郵便局から役員の方が迎えに来て、ようやく熊本に帰ることができました。この2週間はずっと避難所に寝ていましたが、被爆後3日目頃から、全身にピンクの斑点がでて、下痢や脱力状態が続きました。熊本に帰る途中、路上で死んでいる人をたくさん見ました。その後、鉄道病院に半年間入院しました。梁で挟まれた私の頭には、原爆投下から58年経った今でも、傷が残っています。

　被爆してから、私は、あらゆる病気に悩まされて来ました。

　昭和24年、白血球の増減がひどかったため、熊本国立病院で被爆者として精密検査を2、3回受けました。昭和26年、同病院で、胸の中心にドリルで穴をあけ、胸の骨から骨髄を取られ、骨髄を検査されました。同年12月には、高田内科医院で肋膜炎と診断され、1年間入院しました。

　昭和32年10月10日、被爆者健康手帳を取得しました。その後、水上内科に通院しましたが、全身打撲による痛みなどの障害が治らなかったため、針・灸の治療を続けていました。

　平成6年頃から、くすのきクリニックへ通院し、平成8年4月27日、慢性胃炎・食道炎と診断され、くわみず病院で入院治療しました。平成9年8月7日、内視鏡検査の結果、大腸ポリープと診断され、くわみず病院に入院し、大腸ポリープを摘出しました。平成14年12月9日、くわみず

病院で、胃の粘膜下腫瘍の手術を受け、1ヶ月入院しました。
　現在、高血圧症・慢性湿疹・高脂血症・白内障にかかっています。
　これらの病気は、被爆した結果、生じたものです。
　私は、被爆した1時間後、長崎郵便局まで連れて行かれる間に、白い死の灰を全身にかぶりました。その為、目・耳・鼻・口から入ってきた放射能が身体全体を蝕み、病気の原因となっていると思います。
　私は、被爆してから、あらゆる病気と闘ってきました。私は、昭和32年に被爆者健康手帳を取得した後も、針・灸の治療を続けていましたが、身体は一向に良くならず、平成6年頃からは、病気が、とくにひどくなりました。
　私がこのような身体になったのは、長崎で被爆したせいだと確信していましたので、平成14年、原爆症の認定を申請しましたが、却下されてしまいました。そこで、私は、真実を明らかにするために、この裁判で原告となることを決意しました。原爆で苦しんでいる被爆者全員のために、この裁判に勝利したいと思っています。

夫の死を無駄にしないで

2004年4月16日　遺族　濱崎ヨシミ

　私の夫は、昨年6月1日に亡くなりました。
　昭和40年に大工である夫と結婚しました。42年に長男が、45年に次男が生まれましたが、私は、夫が被爆者であることを結婚当時は知りませんでした。
　昭和46年頃、夫が風呂上がりに櫛を使うと毛髪が抜け始めて、その後大量に抜け落ちてしまいました。その時は、私も見ていてごっそり抜けたことには大変驚きました。本人はたいそう気にしていました。
　その時、長崎で被爆したことを私に話しました。後で「被爆者であることを知ったらおまえが帰ってしまうかも知れんと思った」と言っていました。

原爆については「紫色やだいだい色に燃えた色、真っ黒な煙が広がったのしか覚えていない」と話していました。
　ばあちゃんは、あまり原爆のことは話したがりませんでした。
　夫や母は、被爆者手帳も持っておらず、手帳をもらうため、被爆した時の様子を5、6人くらいの人から聞きました。夫は、「小さい頃目も見えなく、下痢がひどく、痩せほそって、いつ死ぬのだろうかと思っていた」とも言われていました。
　夫のいとこの、赤星ミチエさんから聞いたところでは、「ばあちゃんが稲佐の家に訪ねてきたとき、家の前で、爆風で夫と共に倒れておんぶしていたヒモが切れていた」と言っていました。
　夫は、「白血病だけにはなりたくない」とよく言っていました。
　夫は、「親が一人だから遠くへは行けない。身につけた仕事をしたい。子供の頃から物を作ることが好きだった」と言っていました。それで大工になったのです。夫は、仕事が好きで「仕事の鬼」と言われるような職人でした。正月元旦も仕事着を着て、いつも何か仕事をしている人でした。
　平成14年に、夫は下腹部の痛みを訴え、また下痢が続き、風邪もなかなかよくならなかったので、新町の高田クリニックで診察しました。
　その時、夫は、のどが膨れていたのです。平成14年6月より国立熊本病院で診察の結果、病名は悪性リンパ腫といわれました。その後、白血病と言われ「やっぱり白血病になったね」と、とても残念がっていました。
　病院では「お腹が焼け焦げる様に痛い」と言っておりました。私も毎日さすってあげました。平成15年5月10日頃から亡くなるまでの約1ヶ月、泊まり込みで付き添いをしました。私が家にちょっと帰るときにも怒るほど、私に頼りきっていました。
　夫は、「あと5年、いや、半年でもいい、もう一回元気になりたい」と言っていました。
　平成14年の暮れに、息子が受けた新築現場に行っていろいろ差配をし、息子の仕事ぶりを見、その後、その家が出来た報告を息子から受けてから、安心したのか病気が急激に進行してしまいました。
　夫は、もう一回元気になり大工の仕事を存分にしたかったと思います。

大変残念であったろうと思います。

　姑は、天草に住んでいました。栖本療養所に入院したこともありました。私たちが見舞いに行った時も、微熱などが原因で結核を疑われており、身内の人からも、私たちが家に行くことさえ嫌われる状況でした。

　母は、その後熊本に入院しましたが、子宮ガン、直腸ガン、甲状腺ガンなどの病気でした。直腸ガンの手術を熊本国立病院でした時は、私が付き添っておりましたが、排泄物は垂れ流しでひどい悪臭の中を下の世話まで看護しました。

　母は、再春荘病院で3年間入院した後亡くなりました。

　私は、夫が1歳の時、1.8kmという近距離で、屋外で被爆し、当時発熱、下痢の症状があり、同時に被爆した母もガンで苦しんで亡くなったことから、夫の病気や苦しみは原爆によるものであると思っています。夫や母の死を無駄にしないで下さい。

　どうかこの事を認めていただきますよう、心よりお願い申し上げます。

長崎現地の検証を

2005年4月28日　原告　坂口和子

　原告の坂口和子でございます。

　私が被爆した長崎で、裁判所に実地検証をしていただきたく、意見陳述いたします。

　私は、長崎の稲佐郵便局で勤務中に被爆しました。小学校を卒業して郵便局で働き始めて4ヶ月経った頃で、14歳でした。

　郵便局内にいた私は、爆風で飛ばされ、がれきの中に埋もれていました。1、2時間後助け出され、町中が通れなかったので、郵便局から外人墓地の中を通って、稲佐公園まで行き、そこから山伝いに竹の久保町にあった自宅まで帰りました。町はとうてい通れる状況ではなかったのです。

　稲佐公園から北へ山伝いに自宅を目指し、杖を突きながら歩き続けて、1日半かかって家にたどり着きました。

今年、平成17年3月30日、私は、弁護団と支援の方々と一緒に、被爆した稲佐郵便局の場所や、そこから自宅に戻る道のりなどを調べに長崎におもむきました。
　これまでは、私の自宅があった場所には何回か行ったことはあっても、被爆した場所などには行ったことはありませんでした。
　調査の結果、現在稲佐郵便局がある場所には被爆当時には郵便局はなかったことが分かりました。実際現在の郵便局に行ってすぐ、「この場所じゃない」と思いました。
　しかし、稲佐郵便局の局長さんから、被爆当時の稲佐郵便局があった場所を教えてもらうことができましたので、そこまで歩いて行って見ました。
　当時とは町並みも変わっておりましたが、途中にあった外人墓地には見覚えがありました。助け出してくれた男の人から、外人墓地を抜けて稲佐公園まで連れて行ったもらったことを覚えていたからです。
　郵便局の局長さんから教えてもらった場所に行くと、見覚えのある下り坂がありました。「郵便局の使いで、ここから下って川沿いの道に出ていたなー」と思って、付近の住民の方に聞いたところ、その人は稲佐郵便局のことを覚えておられ、郵便局があった場所を教えてもらいました。私が勤めていたときの郵便局長さんは、前田さんといわれ、郵便局は、前田さんの自宅を改造して開設されていたのですが、住民の方から教えてもらった場所は民家で、前田さんの表札がかかっていました。私は家のまん前に来て、そのたたずまいを見たとき、「ここで間違いない」と確信しました。建物は当時のままでありませんでしたが、窓の場所、高さ、格子など、ほぼ同じでした。郵便局のあった場所は、稲佐町ではなく、旭町でした。道の狭さは当時と変わっていませんでした。
　郵便局跡から、私が自宅に帰るまでの道のりをみんなでたどってみました。外人墓地の中の坂道を登り、稲佐公園を探しました。さきほどの住民の方の話では、稲佐公園はなくなり、アパートが建っていたそうです。行ってみると、アパートも取り壊され、工事中でした。しかし、階段と大きな木に見おぼえがありました。その周辺は、現在は、坂道にそって住宅が建ちならんでいましたが、その当時は家々も建ってはおらず、山だった

のです。その場所から稲佐公園の階段を上り、山に入り、北へ向かって山を歩き続け、自宅に帰り着いたのでした。

「腰を痛めた体で、よくもあの坂道を通り、自宅に帰り着いたものだ」と、改めて思いました。

また、私たちは、稲佐山公園にも登りました。そこの展望所からは長崎の全体が見渡すことができます。原爆が落ちた長崎がどのような地形なのか、現場に行かねば決して分からないと思います。

私がどのような場所で被爆し、その体験がどのようなものであったかは、ぜひ、裁判所にも実際に現場にいらっしゃって、その上で判断していただきたいです。

お国のために頑張った夫の無念

2006年10月5日　遺族原告　佐藤絹子

はじめに

佐藤守人の妻です。

私は、守人と昭和29年11月21日に結婚しました。

主人は生命保険会社に勤めておりましたが、転勤で愛知県から熊本に来たとき、お見合いをしたのです。

結婚後

主人は結婚したときから、しょっちゅう首を痛がっておりまして、毎日、湿布やサロンパスをしていました。扁桃腺も弱く、赤く腫れては病院に行っていました。被爆後、下痢が続いたせいか、食欲もなく、やせ細っていました。

主人の被爆状況

主人は、毎年8月6日になると、当時のことを話してくれました。

主人は、陸軍航空隊に所属しており、昭和20年の8月6日は、爆心地

から 2.6km の吉島飛行場の屋外で作業していたそうです。

　突然、ものすごい風で吹き飛ばされ、しばらく気を失っていたようです。首が熱くて気がつくと、まわりに、助けを求める人たちがたくさんいたそうです。同僚の多くは、川に飛び込み、助からなかったと言っておりました。皮膚の垂れ下がった人が「水、水」と言って避難に来るのを担架で運んだり、死体を燃やしたりしたとのことでした。食べ物がないので、海に浮かんだ魚を食べたり、ドラム缶に入っていた水を飲んだりしていたようです。

　主人に広島の原爆資料館に連れて行ってもらったとき、皮膚が垂れ下がっている人たちの写真を見て、主人はこういう人たちを助けていたんだなあと思いました。

主人の病気と治療状況

　主人は、腰をとても痛がっていたので、平成3年に診察を受け、変形性脊椎症と診断されました。

　平成9年、高血圧症で、桜間脳神経外科病院に4日間入院し、24時間点滴を受けました。出かけようとして車に乗ったとき、「気分が悪い」と言って茶色の嘔吐をしましたので、救急車で運びました。それからは、心配の連続でした。

　平成10年4月、食欲が全くなくなったので、くわみず病院で検査したところ、大腸炎ということで入院しました。平成10年12月、皮膚炎を発症し、ガンで入院する直前まで、小澄皮膚科に通院しておりました。平成11年には、心臓病と動脈硬化で、くわみず病院で検査入院をし、通院治療を続けました。

　平成16年7月、くわみず病院での検査の結果、肺ガンと診断されて以降、抗ガン剤を7ヶ月打ち続け、その後、熊本市民病院で放射線治療を2ヶ月続けました。

　主人は、ガンになれば原爆症に認定されると思っておりましたので、最後の力を振り絞って認定申請することにしました。病床で、ひょろひょろした字で必死に被爆状況を書いておりました。残念ながら、結果が出る前

の平成17年11月23日、肺ガンのため帰らぬ人となりました。

遺族として

病院では、「国のために一生懸命頑張ってきたのに、どうしてこんなに苦しまないといけないのか。自分の言っていることは、絶対間違いないから、却下されるはずはない」と言っておりました。そこで、私と子供たちが、夫の遺志を継ぎ、裁判をすることにしたのです。

先日、大阪と広島で被爆者の訴えを認める判決が出されました。熊本にも、3年前に裁判を始めた人がおられます。主人のように亡くなってからではなく、生きているうちにいい結果が出るように祈っております。

ダンベ船上で被爆して

2006年12月25日　井上　保

はじめに

私は、原告の井上保です。私は、昭和20年8月9日に長崎で被爆しました。当時15歳でした。現在76歳です。

私は、現在、甲状腺機能低下症と前立腺ガンにかかっていて、薬を飲み続けています。私がこうした病気に次々にかかるのは、原爆に被爆したことが原因に違いないと思っています。

被爆地点と被爆当時の状況

私は、熊本で生まれ育ちました。それが、熊本から1000名の学徒動員があるということで、私の通っていた熊本市立商工学校からは、私のクラスも含めて6クラスが長崎に動員されたのです。私は、三菱重工の木工場縫製部に配属されました。そして、立神にある木工場から、ダンベ船で、対岸の小菅にある倉庫に布団を持って行く途中の海上で被爆したのでした。

私の被爆地点は、長崎での現地検証で、ホテルの屋上から、裁判官の方々にご覧いただきました。原爆の放射線をさえぎるものは何もない海の

上でした。

　私は、船のちょうど真ん中あたりの隙間に横になっていました。もうすぐ小菅の桟橋に着くという時になって、突然、空がピカーと光って、間もなくすると、ものすごい音と爆風が襲ってきました。積み荷の布団が吹き飛ばされ、船も木の葉のように揺れ、パニックになって上陸しました。

原爆の熱線の威力
　私は、この被爆の時に、両足をヤケドしました。ダンベ船の上では、足を投げ出して横になっていたので、製品のカゲにならなかった部分だけがヤケドを負ったのだと思います。この時のヤケドは、被爆後、何年か治らないままでした。現地検証の時には、ズボンのすそをまくってお見せしましたが、今でもヤケドのあとが残っています。

被爆翌日（8月10日）の状況
　翌日からは、学徒動員生は、小ヶ倉寮で待機することになりました。ただ、工藤先生と学徒生２名が熊本に報告に帰るということで、私と級長の蓑田君とで浦上駅の近くまで、荷物を持って見送りに行きました。途中、長崎駅付近を通りました。破壊され、焼けこげた建物があり、半死半生の重傷者がうめき声をあげて苦しんでいました。黒こげの死体が折り重なった姿を見ました。

8月15日の状況
　8月15日、熊本に帰ることになり、歩いて道の尾駅に向かいました。小ヶ倉寮から、長崎駅付近を通って、爆心地の方向にずっと歩いたのです。途中は焼け野原の状態で、まだ黒こげの死体があちこちにあって、死臭が鼻を突きました。まさにこの世とは思えないような有様でした。道の尾駅から汽車に乗り、佐賀駅のホームで終戦を知りました。

健康障害等
　私は、熊本に帰ってから間もなく、頭の毛が抜けてきました。水のよう

な下痢も続きました。熱が出たり引いたりしました。こうした症状は、次第におさまりました。今思えば、原爆の放射線による急性症状だったのです。両足のヤケドもあり、学校を卒業して就職しても、まともに仕事ができず、生活は厳しいものでした。

　その後、体調は回復し、結婚して子ども2人をもうけました。

　ところが、平成9年に、甲状腺機能低下症という診断を受けました。この時から、毎日薬を飲み続けています。甲状腺ホルモン剤です。この薬は、これからも飲み続けなければなりません。

　平成12年には、胃潰瘍と鉄欠乏性貧血と診断され、薬をもらいました。

　平成13年には、前立腺ガンと診断され、薬で抑えています。これも毎日飲み続けなければなりません。

　平成16年には大腸ガンと診断されました。この大腸ガンは、内視鏡で切ってもらっています。

　このように、次々とガンやその他の病気にかかるようになりました。もともと体は丈夫でしたから、原爆の影響としか考えられません。これからのことを考えると、またどこかガンになるのではないかと不安です。

　前立腺ガンのために、ひんぱんにトイレに行きます。今のような寒い時期は、夜中でも1時間半ごとにトイレに起きます。ぐっすり眠れないのは、とてもつらいです。

　こうした被爆者の苦しみを、是非ご理解いただき、救済の判決を下されますようお願いします。

ケロイドを引きずった私の戦後

2006年12月25日　本山俊明

　私は、小学校5年の時に、10歳で爆心地から約2.3km離れた皆実小学校で被爆しました。「ピカッ」と光って、ドンという音とともに爆風で20m位吹き飛ばされ、そのまま気を失ってしまいました。気が付いたときには、目の前は一寸先が見えない状態でした。自宅の方は火の海で、と

ても家に行ける状態ではありませんでした。当時兵隊に誘導されて、広島県立病院に一旦行き、その後夕方から電車通りを通って自宅まで裸足で1人歩いて帰りました。電車通り以外の道は、がれきと焼け跡で裸足では歩けませんでした。夕方、自宅に帰る途中の私の両手はひりひりして皮膚は破れ、ゆうれいみたいにぶらさげた状態でした。とても痛かったのを覚えています。両足も、半ズボンから下の部分をやけどしていました。

　そのときの光景と出来事は、私にとって忘れることの出来ない出来事であり、今でも鮮明に覚えています。それくらい、当時の私にとってショックな出来事でした。

　私はその後、自宅に戻ろうとしましたが、自宅は焼け野原でがれきの山でした。自宅近くの土手の下に防空壕があり、そこで暮らしました。ただ、私は当日意識をなくし、数日後に意識は戻りましたが、その後も高熱と下痢が続き、私は起き上がることも出来ませんでした。1ヶ月以上も自分1人では起き上がることが出来ない状態で、寝たきりの状態が続きました。やけどした両足や肩のところは、その後腐って行きました。そして、その後腐ったところにウジがわくようになりました。私は、腐っていたところにわいたウジをほじくって取るのが日課となりました。

　そのような状態が寒くなるまで続きました。その間、治療は全く出来ませんでした。せめて、塗り薬でもあれば少しでも違ったかも知れませんが、当時は防空壕の中で寝ているのがやっとの状態であり、治療を受けるなど出来ませんでした。もちろん、病院に行くなどということも出来ません。当時は、衣食住の体を全くなしていませんでした。防空壕の中に住んでも、雨が降れば雨がつかってきました。寝ていると、雨水がからだにつかってきました。

　食べ物はほとんどなく、腐った馬の肉を食べたことがとても印象に残っています。飲み水も、雨水を飲んだりしていました。

　着る物も全くありませんでした。私は、被爆したときに着ていた服を、防空壕の中でずっと着ていました。私は、右肩にもやけどをしたのですが、やけどに1ヶ月も気が付きませんでした。着ていたものを変えずに、しかも寝たきりの状態が続いたからだと思います。

やけどしたところは、右肩のところも両足もケロイドになりました。そのケロイドは、その後特に右足については筋を引っ張るため、右足首が前には全然伸びないようになりました。また、正座も出来なくなりました。歩くときには、びっこを引いて歩くしかありませんでした。被爆してから、すでに60年たちますが、今なお私は右足をびっこを引いています。このような状態がずっと続いているのです。右足は、鏡で見ても筋を引っ張っているのが分かります。今では、筋弛緩剤と塗り薬を塗っていますが、この状態は変わりません。それでも、投薬を続けないと痛くてたまらず、全く動けなくなりますので、投薬を続けています。

このように、長期間にわたってこれだけの被害を受けてきたのに、政府は何もしてくれません。原爆症の認定をせず、患者を切り捨ててきた歴史が、これまでの日本政府の姿勢です。これは、私だけでなく、ほとんどの原爆被爆の被害者に対してです。私は、原爆で被害を受けた人たちを政府が救済しない以上、裁判所に対して救済を訴えるしかないと思い、今回の裁判に参加しました。どうか司法の手で、誤った日本政府の政策を正していただきますよう切にお願いして、私の意見陳述とします。

正業につけなかった夫の無念

2006年12月25日　遺族原告　隅倉テル

被爆前の生活状況、健康状態

隅倉名一の妻隅倉テルでございます。

夫とは昭和18年に結婚しましたが、夫は、被爆前には負傷した右上腕の傷害の他に何らの病状がありませんでした。

夫は、被爆前、20歳前後で、生家の漁業に従事し、頑丈な体質で、家業に未来の希望を燃やしていたと聞いています。

昭和18年の結婚当時、たいへん真面目な人で、荒尾造兵所で重要な部所に就いていて、部下の方々の面倒をよく見ていました。

被爆時と被爆直後の状況

　被爆当時、夫は、満29歳でした。陸軍西部第17部隊に所属していましたが、鹿児島県徳之島沖におけるアメリカ軍との戦闘で、右上腕を負傷したため、広島市の第二陸軍病院に入院し、治療を受けていました。

　夫は、爆心地から1km内の近距離にありました木造の第二陸軍病院内で被爆しました。8月6日午前8時過ぎ、病室内で被爆し、屋外にふき飛ばされたのです。この時、病室の窓ガラスの破片で夫は血まみれになり、頭と肩に火傷をしました。全身を打撲し、意識が朦朧とする苦しさの中で、熱気と悪臭がひどかったそうです。

　夫は、その日の夕方、トラックに収容されて、広島市内の収容所を転々とし、その後、山口県柳井市の第一陸軍病院へ転送されました。

　夫は、火傷やガラス傷が化膿して発熱し、吐き気がしたり下痢をし、鼻血も出ていたそうです。また、歯茎の腫れや出血により食欲がなく、寝たきりの生活だったそうです。

　夫が被爆前に鹿児島の病院で写った写真と柳井市の第一陸軍病院の診断書の写しを証拠として提出しています。この診断書には、病名として「右上腕擦過傷兼原子爆弾傷」と記載されていますので、夫が被爆したことは、明らかです。

被爆後の状況

　夫は、被爆後半年位経過して、やっと立ち上がれるようになりましたので、無理して退院し、熊本県長洲町の実家へ帰ってきました。私はその後、夫が被爆した状況を折にふれて聞かされました。

　退院後も1年間位は、発熱、下痢や鼻血等の病状が続き、その後も脱毛や歯が抜けたり、歯槽膿漏になったりしました。

　夫の体内から摘出されたガラスの破片は、10年間で20個に達しました。夫は一度も正業に就くことができず、苦しい生活を続けました。40歳まで寝たり起きたりの生活を続け、60歳まで家業である菓子店を手伝いました。その後、体力がなくなり、寝たきりの生活となってしまいました。

原爆症の認定申請と却下

　夫は、平成14年7月9日、原爆症認定を申請しましたが、却下されました。その理由は、夫の病気が原子爆弾の放射線に起因していないとのことでした。夫は、納得できず、平成15年1月27日異議申立をしましたが、棄却されました。

　しかし、夫が肺気腫等になった原因は、被爆したこと以外には考えられません。夫が提訴したのは、このような被爆者を切り捨てる厚生労働大臣の姿勢に納得できなかったからでした。なぜなら、夫は被爆前に右上腕を負傷した他に、何らの病状がなかったからです。被爆しなければ肺気腫等になっていなかった筈です。

夫の最後

　夫は被爆以来、消化器や呼吸器、皮膚等が悪くなり、元気な時はありませんでした。60歳代になったら、床に就くことが多くなりました。70歳代になりましたら、発熱、食欲がない、吐血、下血、ポリープ、帯状発疹、肺炎、気管支炎、呼吸困難等で、入院する様になり、大分弱りました。

　肺気腫のほか、十二指腸潰瘍、胃潰瘍、慢性気管支炎、痔、床ずれ皮膚炎等で苦しみました。食事の時、体を動かす時、又昼夜を問わず、発作が起き、呼吸が困難になりました。被爆後の60年間は、働けなかった人生です。

　夫は、その後、肺気腫が悪化し呼吸困難になり、入院致しました。

　絶え間なく起る発作の為、声も出ず、飲食も眠ることもできない状態で、点滴と痰引の苦しい毎日が続きました。

　1ヶ月余り後、肺炎を併発し、平成17年12月10日、息を引き取りました。

　点滴も入らないほど痩せ衰えた傷だらけの遺体に、被爆当時のガラスの破片が幾つも頭を出しているのが異様で、改めて辛かったなと涙しました。

　夫は被爆後、体力も気力もなくなり、病気の繰り返しで、働くことも、人なみに飲食もできず、社会との交流も思う様にできなくて、たいへん残念がっていました。

亡くなるまで、原爆症と認定して頂くのを待ち望んで、闘病生活に頑張っていました。
　以上、陳述致しましたこと御考慮いただき、原爆症と認定いただきますよう、お願い申し上げます。

高齢化する被爆者の早期救済を

2007年2月19日　宮本喜一

　私は、被爆当時、23歳でした。佐世保海軍警備隊長崎分遣隊に配属され、長崎市大橋町にある三菱兵器大橋工場で勤務しておりました。
　8月9日の朝、梅ヶ崎にある本隊から「作業当番だから帰隊しろ」と命令があったので、本隊に戻り防空壕を掘る作業についていました。作業中、「ドーン」というもの凄い轟音がしたのでびっくりして、外に飛び出すと、兵舎の煙突が真ん中あたりで折れて倒壊していました。
　何が起こったか分からず呆然としていましたが、約1時間経った頃、三菱製鋼所警備の兵曹が血だるまの姿で本隊に帰ってきて、「大変だー、浦上より先は全滅だ」と叫んでいました。それで大変な事が起きたと分かり、私も大橋の方に戻ることになり、長崎駅まで行くとそこから先は、燃えさかる炎につつまれ、通ることができなかったので、諏訪神社の先の道を山越えして大橋に急ぎました。
　峠近くでは、半袖のシャツから出ている腕は真っ赤に焼けただれ、皮膚がだらりとたれ、白いシャツはガラスの破片で真っ赤になり、血だらけの姿は見るも無惨でした。峠を下ると、道端には、歩けない人が無数に散らばって、「兵隊さん、水を下さい」と言われましたが、水を持っておらず、とてもかわいそうで今も心残りです。
　金比羅山の東側を歩き、本原町の山道を歩いている途中、空を見ると、キノコ雲のかたまりが真っ黒い色をして爆心地の方から私のいる方向にやってきたかと思うと、ぽつりぽつりと大粒の雨粒が降ってきて、私の手や頬にあたりました。手の甲を見ると墨汁のような色をしており、おかし

な雨だなあと思っていました。その雨は雲が通り過ぎるとともにやんだので数分の出来事でした。

　ようやく大橋工場に着くと、正門前の詰所も工場の鉄骨もペシャンコで、工場内にはあちこちに死体が散乱し、言葉も出ませんでした。私の知っている人も死に絶えていました。私は来た道を戻り、本隊に大橋工場の惨状を伝えに帰り、再度、応援部隊10名くらいで山伝いに、工場に戻っていきました。

　その後、1週間、工場近くの防空壕で寝て、炊き出しを食べながら、工場の警備や付近住民の救護活動を続けましたが、ガーゼで血をふいてやるくらいのことしかできず、熱い夏の陽を受けて、身体がふくれあがり、誰が誰かわからない状況でした。夜は、工場前の純心女学校の校庭で死体を焼く炎が赤々と燃え上がり、工場の警備中には何度も死体につまずくくらいたくさんの人が横たわっており、想像を絶するようなすごい異臭が立ちこめており、まさに地獄図のようでした。

　終戦後、8月17日に除隊となり、熊本に帰りましたが、直後から発熱と下痢の症状が出て、2ヶ月自宅で寝たきりの状態が続きました。体がだるくきつい状態で何もできずにじっとしていました。

　それからも30歳をすぎてすぐに変形性腰痛症と診断され、長年腰痛で悩まされてきました。

　平成10年には狭心症と診断され、いまでも毎日薬を飲んでいます。

　私は、現在、熊本県原爆被害者団体協議会の会長をしております。この会は被爆者たちで結束し、お互いを助け合おうということで発足しましたが、これまで、私以外にもたくさんの被爆者が苦しい思いをしているのを見てきました。

　その中でも国は26万人の被爆者手帳交付者に対し、わずか2000人しか原爆症と認定しておらず、ほとんどの被爆者は何も救済されていないのです。国の指針は爆心地からの距離とかで判断されていますが、原子爆弾の放射能の影響が時間的にも距離的にもかなりの広範囲に及んでいるのは科学的に明らかです。爆心地から2キロ以上離れたところで被爆した人や入市被爆した人たちの多くも同様に放射能の影響を受け、病気で苦しんでい

るのです。

　被爆者は高齢化がすすんでおり、原告の平均年齢は 75 歳です。熊本でもすでに 6 名の原告が亡くなっておられます。個別に裁判をして最高裁までたたかっていたのでは到底間に合いません。裁判所におかれましては、早期に被爆者全体の救済を図れるような判断をお願いしたいと思います。それがすべての被爆者たちの願いです。

被爆者を侮辱する国を許さない

2007 年 5 月 28 日　櫻井琢磨

被爆時の状況と被爆直後の状況

　私は、1937（昭和 12）年 7 月 1 日生まれで現在 69 歳になります。私は、8 歳のとき爆心地から 3.2km の地点にある長崎市新橋町の自宅で被爆しました。

　私は、その日、母親と一緒に自宅の渡り縁側に座って玄米の籾を取り除く作業をしていました。すると突然、目の前がピカッとまぶしく光り、すさまじい爆音とともに爆風が起こりました。私はその爆風に吹き飛ばされ自宅の庭に身体を強く打ち付け、気を失いました。私はしばらくして意識を取り戻し、あたりを見ると、家は傾き、屋根や襖、障子は吹き飛んでいて、家の中は瓦礫まみれのひどい状態でした。母親と私たち幼い兄弟だけではどうすることもできず、三菱兵器工場で働いている父の帰りを自宅で待っていました。しかし、その日も翌日も父親は帰ってきませんでした。

被爆直後の状況

　8 月 11 日になり、長崎県五島に住む祖父が長崎に新型爆弾が落とされたと聞いて自宅に駆けつけてくれました。そして、翌 12 日の早朝から私は祖父と一緒に父親が働いている三菱兵器工場周辺に父親を探しに行くことになりました。街は元の面影がないくらい破壊されていましたが、三菱兵器工場付近の状況はとくにひどいものでした。建物は破壊され、あたり

は瓦礫の山でまるで廃墟のようでした。残っている建物も鉄筋がむき出しになってグニャリと曲がっていました。街は何とも言えない異臭に包まれ、おびただしい数の死体が街のあちらこちらに転がっていました。お腹が膨れた死体や黒こげの死体、川に頭をつっこんだ死体などがあちらこちらに転がっていました。今でもその光景は目に焼き付いて離れません。まさにこの世の地獄でした。そのような中を祖父と私は、早朝から夕方まで三菱兵器工場付近で父を捜し続けました。祖父は死体の顔をひとつひとつ確認していました。死体の中には顔の皮がただれたものや顔が潰れた死体も多くありましたが、祖父は目を背けることなく必死にその顔をじっと見て死体が父親ではないかを確認していました。その後も17日まで毎日、祖父と一緒に三菱兵器工場付近まで行って父親を探し続けましたが、父親はとうとう見つかりませんでした。

　そして、17日に、父の知人という男性から、父親が死んだことを聞かされました。祖父は父の訃報を聞き、泣き崩れました。私も、父親が死んだと知らされ、もう父親には二度と会えないのだと思うと悲しくてどうしようもなくなり泣きました。

被爆後の状況

　父親を失い、私たち家族だけで生活することはできないので、家族で祖父の家に引っ越すことになりました。私は、祖父の家に着くとすぐに発熱し、頭痛や下痢、嘔吐がとまらず10日間くらい寝込み続けました。

　母親は、原爆が投下された直後から嘔吐や下痢を繰り返していましたが、祖父の家に引っ越してからは衰弱していき、寝たきりの状態でした。髪の毛は抜け落ちていき、血を吐くようにもなりました。食べ物を食べようとしても受け付けず、食べてもすぐに嘔吐していました。母親は、見る見るやせ細っていきました。母親はその後も衰弱していき、1年後に死にました。死んだときにはまさに骨と皮だけでした。私は母親の様子を目の当たりにして、自分も母親のようになって死んでしまうのではと思うと、怖くてたまりませんでした。

　私は祖父の家に引っ越してからは、近所の小学校に通うことになりまし

たが、学校では同級生からひどいいじめにあいました。同級生から母親のことを「長崎で新型爆弾の毒ガスを吸い込んだからああいう病気になったんだ」「病気がうつる」「お前も病気だろうが」などと言われ、同級生が私の家の前を通るときには、みな口と鼻を押さえて走るなど伝染病者のような扱いを受けました。幼い私にとって、このいじめは耐え難いものでした。同級生の発言を否定したかったのですが、母は被爆によって衰弱していき、私も被爆してから健康が悪化していったので、否定することはできませんでした。この体験があったことから、被爆者であることが知れると、またいじめや差別を受けるのではないかと思い、私は最近まで自分が被爆者であることを隠し続けて生きてきました。

　中学校を卒業して間もなく祖父が死にました。私たち幼い兄弟だけでは暮らしていくことはできないので、私たちはそれぞれ親戚に引き取られることになりました。私は熊本県玉名市にある叔母の家に引き取られました。叔母の家が、樟脳製造の仕事を経営していたので、私もそこで樟脳の製造や運搬の仕事に就いていました。この仕事は重労働で、ちょっとした仕事をしただけですぐに疲れてしまいますし、腰も痛くなるので、よく休んでいました。また、私が朝、突然、ひどい吐き気がしたり、下痢になったり、身体を動かすことができないくらい身体が重く仕事ができないことがよくありました。このようなことが続いたことから、叔母からは怠けていると思われたのでしょう。叔母からはよく怒られました。

　これ以上叔母には迷惑はかけられないと思い、熊本市で叔父が経営している土木作業の会社で働かせてもらうことになりました。叔父の会社では、私が重労働ができないこともあって、特殊機械運転の免許をとり、特殊機械の運転の仕事や現場監督をしていました。特殊機械や現場監督は肉体労働に比べたら重労働ではないとはいえ、私の身体には重労働であり、仕事がままならないこともよくありました。

　その後、熊本市内で土木関係の事業を興しました。仕事は順調でしたが、次第に頭痛や下腹部痛、吐き気を感じたり、ひどい下痢になる頻度が多くなっていきました。私の身体がこのような状態では、これ以上、仕事をすることができないと思い、2003（平成15）年に事業をやめざるを得ませ

んでした。

　このように、私は、被爆してからは、下痢や頭痛、吐き気などに苦しめられ、仕事も思うように続けることができませんでした。それだけではなく、大きな病気も繰り返し患ってきました。

　痔瘻の手術だけでも、3回もしています。また、下行結腸癌や早期胃癌にもなり、手術を受けました。癌の治療は現在も続けています。被爆するまでは健康そのものだった私が、被爆を境として、原因不明の体調不良や大病を繰り返してきたのです。

　最後に

　私だけではなく、ほかの原告も私と同じような苦しみを味わってきました。しかし、国は、私たち原告のこうした症状は被爆が原因ではないと言います。それだけではなく、国は、私たちが被った苦痛は栄養失調や不衛生であったことが原因であったかのような発言までしました。

　私は法廷で国の発言を聞き、国の被爆に対する無理解にはらわたが煮えくり返るような思いがしました。当時は、今と比べれば豊かではありませんが、それは広島・長崎だけではありません。広島・長崎以外で、これほど多くの人が、しかも被爆の日を境として、脱毛や嘔吐、下痢などに苦しんだ街があったなど聞いたこともありません。国の発言は私たち被爆者に対する侮辱にほかなりません。厚生労働省の役人には私たちの苦痛を味わわせてやりたい、裁判所でなければ飛びかかって殴りつけたい気持ちでした。

　国は私たち被爆者をどこまで苦しめれば気が済むのでしょうか。私たちは国が愚かな戦争をはじめなければ被爆しなかったのです。国が私たち被爆者を切り捨てることは、国が戦争責任を認めないことにほかなりません。国は被爆者政策の誤りを早く認めて、一日も早く私たち被爆者を救済してください。

仕事ができなかった苦しみ

2007年10月25日　林田榮子

　私は、長崎市竹の久保町（爆心地から約1.5km）で被爆しました。私の家は山の斜面に並んだ住宅地の一番高台にありました。被爆当時10歳で、ドッヂボールを好んでしており、健康な体でした。
　原爆が投下されたとき、私は、自宅で母親の昼食の準備の手伝いをしていました。炊事場で茶碗などを出しているとき、ピカッとした光を見たと同時に記憶がありません。どうやら家がくずれて下敷きになったようです。気付いたのはその日の夕方頃で、裏山の防空壕の中に寝ておりました。左目と腰が痛くてたまらなかったのを覚えています。
　左目あたりを手でさわってみるとブヨブヨした感触があり腫れていたのは分かりました。「お岩さんみたい」と言われました。たぶん家のがれきの下敷きになった時、はりなどが当たったのが原因だと思います。最初は左目がよく見えませんでしたが、数日後に次第に見えるようになりました。
　家にいた両親や兄弟のうち、両親や弟の寛、清司もひどいやけどを負っていました。
　原爆が落ちた翌日、弟の寛が全身やけどで亡くなりました。弟を火葬した後、両親らを病院替わりとなっていた稲佐小学校に収容するため、山を下りました。私たち兄弟は、小学校の廊下などに寝泊まりし、爆心地の周りで暮らしました。この頃から、下痢、脱毛に悩まされていました。
　8月16日に父が、9月7日に母が、全身やけどで亡くなりました。父が亡くなった後、祖母のいる熊本県八代市に兄弟で行き、その後中国から引き揚げてきた兄と共に福岡市で暮らし出しました。
　私は、小学5年生から福岡で復学し、中学を卒業して、飲食店の下働きとして働き始めました。仕事は、ずっと立ちっぱなしの皿洗いなどだったのですが、途中めまいや腰の痛みが出て思うように出来ませんでした。その後色々な仕事をしましたが、めまいなどで休みがちとなり、その度に仕事を辞めさせられて、悔しく悲しい思いを何度もしました。

働きだして4、5年経った頃に熊本に戻り、その後結婚しました。結婚してから、再び仕事に出たのですが、しょっちゅう貧血気味のめまいがあり、腰の痛みもひどくなっていたこともあり、なかなかちゃんと仕事が出来ませんでした。周りの人からは「若いのに」とか「怠けて」などと言われ、嫌気がさして仕事を辞めました。その後子供が出来たこともあり、それ以降、働きに出ることはありませんでした。
　昭和37年頃に左目の視力に異常があることに気がつき、昭和42年頃の視力検査で左目の視力がほとんどないことが分かりました。その時に、「ああ、原爆の時のけがのせいか」と思いました。
　平成13年9月に、慢性甲状腺炎と診断され、それからはずっと薬を飲んでいます。甲状腺の異常で、私ののどはいつも腫れている状態で苦しい上、風邪をひいたりするとすぐにのどが詰まったような苦しさを感じます。寒くなると一層ひどくなります。悪化すると手術が必要ですが、今は薬で症状の進行を止めている状態です。しかし、毎年検査に行く度に「また悪くなっている」と言われ、憂鬱です。「悪化してなにか大変なことになるのではないか」と不安で一杯です。
　甲状腺に異常があるのが分かってからは、持病の骨粗鬆症の薬を止められていましたが、最近またひざや肩が痛み出し、骨粗鬆症が悪化しているようで、弱い薬をもらって飲んでいます。
　そのほか、平成13年から現在までに、急性膀胱炎や胃のポリープ切除など立て続けに病気が発覚し、膀胱炎については今も薬を飲んでいます。
　姉の坂口和子は、私よりも早く原爆症の裁判に参加をしており、平成19年7月30日の判決で、原爆症と認定されました。
　姉の裁判の準備を手伝っているうちに、私も決意し、慢性甲状腺炎で原爆症の認定申請をしましたが、却下されました。
　原爆により、腰の痛みや貧血でこれまでずっとまともに仕事が出来たためしはなく、片目もほとんど見えない状態でずっと生きてきました。その上、いろんな病気に掛かり、甲状腺の異常でいつものどの苦しさと付き合い、悪化して手術しなければならない不安をいつも感じています。これまでの私の苦しさ、悔しさ、不安は、国や裁判所にぜひ分かって頂きたいと

思います。

　生き残っていた弟の清司は、昭和62年頃、何回も頭を手術した末、50歳で原因不明の病気で亡くなり、原爆症認定申請すらできませんでした。

　弟の清司のためにも、姉と一緒に頑張りたいと思います。

おぞましい罪悪感

2007年12月27日　成田豊太郎

　私は、原告の成田豊太郎です。

　昭和4年3月2日生まれで、現在、78歳になります。

　私は、長崎で被爆しました。昭和20年8月当時、長崎工業経営専門学校の学生でした。8月9日には、学徒動員で爆心地から約1.2kmの長崎市茂里町にあった三菱兵器茂里町工場で製図の仕事をしていました。

　大江小学校時代は、器械体操で体を鍛えました。大江小学校では器械体操で国体優勝の経験を持つ体育の先生に、直接教えを受けました。また、熊本商業では、広島県江田島にある海軍兵学校への進学を希望して入試を受けました。その時の身体検査では「骨格が太くて健康だ」と言われるほど健康体でした。

　昭和20年8月9日は、午前8時30分頃に出勤して、事務所の中で製図の仕事をしていました。私の記憶では、午前10時に空襲警報が発令されて、工員たちは、いったん金比羅山の方に走って退避しました。その後、警報が解除されましたので、私は再び、工場の入り口右側にあった事務所建物2階に戻りました。

　午前11時2分、私は、仕事を再開しようと思い、女性の事務員から出されたお茶を隣席の友人らと一緒に飲んでいるとき、窓の外から、突然、まるで私をめがけて矢のように飛んでくるような白い閃光が目に入りました。当時、私はまだ16歳で機敏だったので、反射的に机の下に身を隠した記憶があります。

　意識を取り戻した時、私は、机も椅子も無くなっている事務所の中で、

うつ伏せの状態で倒れていました。私が白い閃光を見て机の下に潜ってから、どれほどの時間が経過したのかわかりませんでしたが、私はその間、気を失っていたと思います。私は、その日、白い半袖のシャツに、長ズボンを履き、足にはゲートルを巻いて下駄を履いていました。ですが、気が付いた時には、ゲートルも下駄も無くなっており、ズボンは半ズボンのようにちぎれていました。

　あとで気付いたのですが、私の両腕や背中には、爆風で吹き飛ばされた時の擦り傷や切り傷がたくさんありました。また、私の両腕の肘から先の表皮が、10cmほど腕の下にダラリと垂れ下がっていました。

　私は、起きあがって、机も椅子もなくなっている室内を見回しました。すると、同僚の事務員の女性が一人、はらわたをむき出しにして血だらけの状態で床に倒れているのを見つけました。私は、咄嗟に「女性を助けなければ」と思って、その女性を負ぶって階段を下りました。しかし、その女性は意識もなく瀕死の状態でした。私は、その女性を事務所横の広場に寝かせて、工場の門から裸足のまま走って逃げました。後で気付いたのですが、私の白いシャツの背中は、その女性の血で血だらけになっていました。

　工場の門を出ると、道脇の家から「助けて……」という女性の声が聞こえました。辺りを見回すと、どの家もペシャンコに潰されていました。私は身をかがめて、つぶれた民家の梁の隙間から中を覗ききました。すると、女性が、つぶされた民家の梁の下敷きになりながら、必死に手足を踏ん張って、その下にいる赤ん坊を守っている姿が見えました。私は、「助けなければ」と思い、周囲の壊れた民家から大きな柱を持ってきて、その柱を肩にかついで、それを梃子にして梁の隙間を広げようとしました。その後、工場から逃げ出す途中の男性も手伝ってくれましたので、何とか梁の隙間を広げることができ、潰れた家の中から赤ん坊だけを運び出しました。しかし、赤ん坊のお母さんを脱出させることまではできませんでした。結局、私は、泣きじゃくる赤ん坊を道端に置いたまま、片淵町にある学生寮に帰ろうと考え、金比羅山のほうに向かって走り出しました。

　この赤ん坊を含めて、3名の方々がその後どうなったのか、私にはわ

かりません。けれども、おそらく亡くなられたと思っています。3名の方を助ける事もなく残酷にも放り出して死なせてしまった事は、あの日から60数年経った今でも悔しく、またおぞましい罪悪感で一杯で、思い出したくないことです。

　私は、2時間ほどかけて、西山町を通り、片淵町にあった学生寮に帰り着きました。

　その後、私は、身体が異常にだるく、起きあがる元気がなかったので、土壁の散乱したままの部屋で寝ており、8月12日に川棚の海軍病院で診察を受けたところ、「白血球が減少している」と告げられました。私は、毎日大量の点滴を受けて2週間ほど入院しました。

　その後も体のだるさは続き、結局、翌年、つまり昭和21年2月まで学校に復帰できませんでした。

　その後も、私は多くの病気にかかりました。昭和45年には、高血圧症、変形性脊椎症になり、昭和52年には、慢性虚血性心疾患と診断され治療を開始しました。その後も、平成11年、高脂血症と診断され、4月には脳梗塞が発見され、平成12年に白内障の診断を受け、現在でも治療しております。

　私は、被爆してから、体がきついときもありました。ですが、私が働いて稼がなければ家族が食べていけないので、必死になって働いてきました。しかし、78歳になり、私の体は、ほかにも、肝血管腫、大腸憩室症、高尿酸血症など、10以上の症状、病気があります。私の体は、病気のかたまりであり悲鳴状態です。

　私が被爆した地点は、爆心地から1.2kmで、爆心地から歩いても15分くらいの距離です。その惨禍の中にいて生きていること自体不思議なほどです。私の同室にいた女性は即死しました。生き残った友人の多くも数日後、数ヶ月後に実際に亡くなったのです。私の体が放射線の影響を受けていないということは考えられません。

　国が用いる放射線起因性、要医療性、原因確率、しきい値という言葉は、判定のための道具なのでしょうが、私たち被爆者からすれば、冷たく、白々しい言葉でしかありません。先日、報道されている厚生労働省の検討

会の報告のことを勉強しました。この熊本地裁を含めて各地の地裁で6連敗を喫しているにもかかわらず、報告では相変わらず内部被曝を軽視しています。あれを基準の見直しというのなら、安倍前首相が被爆者の前で言った「見直し」は、笑止そのものです。

私の体は、被爆さえしなければ、このような苦労の人生ではなく、世間の老人と同じく残り少ない人生を楽しく過ごしていると思います。私にも日々の生活があります。

裁判所には、一日も早く、行政が早く常識的な判断に目覚めるような公正な判決を出されるようお願い致します。

一刻も早く、原爆症と認めてください

2008年2月18日　上村末彦

原告の上村末彦です。

私が、「原爆症と認めてほしい」と厚生労働大臣に申請してから5年と7ヶ月になります。昨年7月30日、熊本地方裁判所は、私を原爆症と認めてくださいました。5年間頑張ってきたことが報われたと思いました。

ところが、それもつかの間、「国が控訴をした」と聞き、とてもがっかりしました。私たちは、松谷さんのときのように、最高裁判所まで争いを続けないといけないのでしょうか。

裁判を続けているうちに、私は、82歳になってしまいました。ガンや心筋梗塞を抑える薬など毎日10種類の薬を飲んでいます。

とてもじゃありませんが、最高裁まで争いを続けることはできません。

私が生きているうちに原爆症と認めてもらえなければ、何のためにこれまで頑張ってきたのでしょうか？　死んでも死にきれません。

入隊

私は、19歳のとき、軍から徴兵検査の呼び出しがあり、身長・体重・視力検査のほか、「これまで病気をしたことがないか」も聞かれました。

検査の後、熊本第6師団の入江大佐から「上村末彦、甲種合格。復唱しなさい」と言われたときは、誇らしい反面、戦争に行かないといけないという不安な気持ちにもなりました。しばらくして、赤紙ではなく「現役召集令状」という白い紙がきました。

熊本から列車が広島に着いたのは、昭和20年4月21日の夜でした。

貨物トラックで、比治山のふもとにある「あかつき16710部隊」の兵舎に連れて行かれ、翌日から訓練が始まりました。「6ヶ月訓練したらどこに移動になるかわからないので、覚悟しておくように」と言われました。

運命の原爆投下

ところが、6ヶ月たつ前に、運命の8月6日が来たのです。

兵舎内で朝食を終え、就寝許可が出たので、郷里への手紙を書き終え、午前8時過ぎに寝台で眠りについたときでした。「パーッ」という白い光とともに、「バーン」という雷が落ちたような爆音で起こされました。

目を覚ますと、窓際にいた上官が「やられた」と言って背中を押さえていました。私は、夢かと思いながら毛布を頭にかぶり、「ゴーッ」という爆風音がやむのを待ちました。ほんの数秒のことでした。

音が静まったので、毛布をはいで周囲を見ると、地震の後のように兵舎の角材などが折り重なって落ちていました。ガラス窓も割れて、床に飛び散っていました。

しばらくして、別の上官から「みな、舎前に出ろ」と言われたので、角材の間を縫ってようやく脱出し、舎前に出ました。舎前に出るまでの間、角材の下敷きになった兵隊達が「うーん」とか「やられた」などと悲鳴を上げていたのが、今も耳から離れません。

救護活動

私は、負傷した兵隊達に肩を貸し、兵舎裏の防空壕に避難しました。何度も兵舎と壕を行ったり来たりしました。壕には一般市民もたくさんいました。女性の髪は焼きちぢれ、モンペは焼けすだれ、見るも無惨な状態でした。浅黒く焼けこげた赤ちゃんを抱いて「兵隊さん助けて下さい」と

言っていたおかあさんの顔を今も思い出すことがあります。
　近くの小学校に収容されている負傷者の看護もしました。看護と言っても、やけどしたところに食用油を塗るくらいでした。ほとんどが女学生でしたが、顔が焼けただれ、誰が誰だか区別のつかない状態でした。
　「のどが渇いて苦しい、水を下さい」という患者さんには、軍医の指示を仰いで、見込みのない人にだけ、水を与えました。水を飲んだ患者さんは、やがて息を引き取っていきました。あまりに死者が多いので、運動場に焼き場を作り、二人一組で担架に乗せ、次々に火葬しました。9月初めに除隊するまで、兵役に就いていました。

　おわりに
　31歳で腎臓に結石ができ、43歳のときも腎臓に結石ができました。
　56歳で尿管ガンになったときは、とてもショックでした。原爆のせいかなと思い始めたのは、このときからです。
　その後2回も膀胱ガンになり、原爆のせいに違いないと確信しました。それで、原爆症の申請をしたわけですが、「放射線に起因しておらず、却下します」という書類1枚の回答でした。
　軍隊に呼び出すときは、いろんな検査をされました。どうして、何度もガンになっているのに、きちんとした検査もなく、「原爆のせいじゃない」とされるのでしょうか。
　国のために一生懸命頑張ってきたのに、残念でなりません。
　私だけでなく、原告はみな病気を抱えながら、残り少ない人生をこの裁判にかけています。裁判所まで来ることができない原告のためにも訴えたいと思います。
　一刻も早い解決を、どうかお願いします。

高裁では原爆症と認めてください

2008年2月13日　西村孝一

　熊本地方裁判所の判決前後から、私の体調はさらに悪くなっています。熊本地裁の本人尋問のときも、休憩時間は長椅子で寝なければならない状態でした。しかも、その後まず脳に腫瘍が見つかり国立病院機構で治療をしました。

　また、肝硬変が肝腫瘍に進行し昨年3月には化学療法のため国立病院機構に入院して動脈塞栓療法、採血、CTを行いました。

　さらに、平成19年12月には視力障害（病名両皮質性加齢性白内障）の手術をしています。腰の痛みも続いています。

　体のきつさも強くなり、仕事もほとんどできなくなりました。一日中寝ている状態です。頭痛もはげしく痛みます。頭が割れるように痛いです。5時間おきに痛みがきます。強い痛み止めを飲んでいます。体重も62kgあったものが39kgに減っています。歩くのもフラフラします。

　耳も聞こえなくなり、妻から耳の近くで大声で言ってもらえないとわかりません。耳が聞こえずイライラすることが多いです。

　通院もきつくなり、肝炎の注射を打ってもらうために2週間に1度平和クリニックの牟田医師に往診してもらっています。

　私は、被爆のとき、稲光のような光をみてから気を失いました。当時庭にいた衛生中隊は全滅したと聞いています。川で隙間がないほどいっぱい死体を処理し、廿日市では生きている人間にウジがわいているのを見ました。この世の地獄を見た私が原爆症でないとしたら、誰が原爆症でしょうか。

　高裁では、なんとか、私の病気の原因が原爆にあることを認めて頂きたいと思います。よろしくお願い致します。

国は裁判所の判断に従え

2008年9月22日　中山高光

　私は、南米ペルーで生まれ、日本が中国への戦争を始めて海外での暮らしが厳しくなり帰国しました。熊本県立工業学校4年生を終える3月に、米軍の沖縄総攻撃が間近になり、国が緊急特別措置をとり、あと1年の学業を捨て、4年で短縮卒業させられ、三菱長崎造船所造機設計部に技手補として就職し、16歳で被爆しました。原爆被害は、日本政府の戦争政策とアメリカ政府の人道主義違反の暴挙によることは明らかです。

　8月9日の被爆のときは、午前11時2分にビル5階の部屋で船体図面の写図をしていました。突然、窓の向うの青空に、太陽のような閃光が輝き、ビックリして6～7秒も見つめていました。するとドカーンともの凄い震動で6階建てのビルが大揺れに揺れ、窓ガラスが吹き飛び、窓際にいた人は粉々になったガラス片でザクロのように切り裂かれ、血だらけになって倒れ、部屋は棚や衝立や机の上の物は吹き飛び、私も床に叩きつけられました。何が起きたのか判らず、人々は雪崩のようになって階段を走り下り、私も気をとり直し、ヘルメットを被り、屋上の監視所にかけ上がりました。浦上の方に黒煙が立ち上り、大量の水分を含んでいたのか七色に輝きながら天高く上がり、西山の方に流れていきました。仕事はできず、退庁時間になり、浦上寮のメンバーが20名ほどで誘い合って、燃える旭町から稲佐町、竹の久保町を経て浦上に向かいました。浦上は全焼して何もなく寮もありませんでした。三菱のもう一つの清明寮を訪ねましたが、そこも全焼し、その夜は城山の畑の中に野宿しました。4000℃の熱線と風速数百mと言われる爆風に、畑の周りの猛曾竹林が1mくらいの高さで折れ、地に這うように倒れ伏していました。

　畑の野菜は葉っぱが焼けて、裸になって青々と転がっていました。そのカボチャを拾い、黒焦げでまだヨタヨタと生きているニワトリを捕まえ、防火用池の水を汲みあげ、バケツで炊いて食べました。国はこれを不衛生で疫病の蔓延と言っております。しかし、これは、4000℃もの熱線に焼か

れ、大量の放射能を浴び、原爆の爆発から6時間しかたっていない生々しいときの出来事です。国の意見は、病原菌など発生する余地はなかったことを見ない意見だと思います。

　その夜は低空してくる米軍機から身を隠すため、放射能の粉塵が山積みしていたはずの畑のクボミに身を隠して夜を過ごしました。寝るところも食べる物も仕事もなく、13日夜の長崎駅始発列車で、親元の阿蘇の立野に帰りました。

　被爆から10日程してノドが腫れ、熱が出て、下痢をしました。医者に診てもらいましたが「ジフテリアに似ているが違う。原因はわからない」との診断でした。脱毛は丸刈りでもあり、記憶にありません。2ヶ月休んでまた長崎造船所に戻り、2年間を長崎で働きました。

　しかし、体調不良で退職しました。その後は、胃潰瘍、十二指腸潰瘍を繰り返し、国立熊本病院で胃液分泌が60％しかないと言われ、体重が40kgにやせ、漢方治療で回復しましたが、胆石症になり胆嚢を摘出しました。手術のあと縫い合わせた痕がミミズが這ったように盛り上がり、長さ15cmほどのケロイドになりました。これは10年以上もありました。そのあと高血圧症になりました。そして平成12年の8月に赤黒い血便が出て下血し、3週間の入院をしてMRAなど様々な検査をしましたが、原因不明のまま出血は止まりました。そのあと甲状腺機能低下症になって今も治療しています。また、白内障も進行し、目が見えにくくなっています。

　原爆症認定訴訟はこれまで被爆者が10連勝しています。安倍総理の「見直し」発言で、厚労省は今年の4月から「新しい基準」を採用し、一定の改善が図られ、訴訟中の原告も認定されています。

　しかし積極認定の範囲は極めて狭いものです。私たちは、放射能の影響を受けているから被爆者手帳の交付を受けているのです。放射能の影響を受けていない病気はないと思います。

　アメリカ政府が日本の被爆者には「放射能の影響はない」と言いながら、広島、長崎に原爆投下から1ヶ月もあとに入市した駐留軍兵士のガンに、「放射線の危険な作業に当たった」として、治療費、生活費、死没補償金まで給付する施策をとっている事実からみても、日本政府の対応は実態か

らはかけ離れたものだと思います。

　熊本でも、長い原告は6年も訴訟を続けています。原告の平均年齢は75歳を超え、熊本原告も32名のうち9名が亡くなっています。新しい基準で熊本原告も11名が認定になりましたが、4人はすでに亡くなっています。

　熊本で初めて新しい基準で認定されたのは鈴田さんでした。奥さんから「通知があった」と電話をうけたとき、「そうね、よかったね」と応えましたが、鈴田さんは多発性骨髄腫で3年も前に亡くなっておられます。「よかったね」と言っても愛する智蔵さんはもういないのです。それをどう喜んだらいいのでしょうか。お墓参りで報告しても帰ってくる言葉はありません。鈴田さんは、申請から7年、亡くなって3年。あまりにも時間がかかり過ぎます。国は司法の判断に謙虚に耳を傾け、被爆の実態に即した認定がもっと速やかにおこなわれるよう求めて、私の意見を終わります。

「国は熊本の判決を見よ」

原爆症認定　原告、最終解決策に期待

写真説明：全員勝訴を知らせる旗を掲げる原告の弁護団＝熊本市の熊本地裁で3日午後3時14分、和田大典撮影

　「良かった。救われた」――。幅広い疾病との因果関係を認め、原告全員を原爆症と認めた3日の熊本地裁判決。弁護団は判決後の報告集会で、1審勝訴原告の速やかな認定など集団訴訟の原告計300人の全面救済を求めた。一方で、政府の調整は難航しているとの解決策を示すことを期待する声が相次いだ。

　熊本訴訟弁護団の寺内大介事務局長は「麻生首相は6日までに全員を原爆症と認める決断をしてほしい」と判決を受け、今すぐ最終解決を決断するべきだ」と訴えた。

　03年に大腸がんを発症した原告の荒木敏一さん(71)＝熊本市＝は7歳の時、長崎市で被爆。発熱や下痢で2、3日寝込み、小学校卒業まで発熱する日が多かったという。85年に糖尿病、92年に心筋こうそくと診断された。原爆症と認められたのは素晴らしい。私もうれしい」と話した。

　一方、原爆症認定訴訟原告の小幡悦子さん(80)＝長崎市＝はひざ関節症の疾病が原爆症と認められていないが、3日の熊本訴訟判決では、変形性ひざ関節症が原爆症と認定された。小幡さんは笑顔を見せながらも、「2両足に重傷を負い、歩行が困難になった。変形性ひざ関節症で原爆症認定を申請し

原爆症認定制度

　原爆の放射線で発症した疾病を医療特別手当（月約13万7000円）が支給される。国は裁判で敗訴が相次いだため08年4月に一定の条件を満たせば、がん、白血病など5疾病を積極的に認めるなど対象を広げた。国が18日「放射線起因性が認められる」との条件付きで「肝機能障害と甲状腺機能低下症が積極認定対象に加わった。

決直後に地裁の門前で語った。板井優弁護団長は報告集会で「国はずっと解決を先送りしてきた。全員勝訴の判決を受け、国が早期の最終的な判断をすると話していた。熊本の判決をよく見てほしい」と訴えた。

　1陣の熊本訴訟原告団の中山高光副団長(80)は「舛添(要一)厚生労働相が「人生を狂わされたせいだけがを『原爆のせい』と認めてほしい」と訴訟に加わり、08年6月の長崎地裁判決で勝訴したが98年に却下され「皮膚がんでは原爆症と認定された」と顔を曇らせた。

　全国原告団の松谷訴訟原告団は熊本地裁を見て最終的な判断を今もしない国の姿勢「これ以上苦しめないで」と怒り。原爆症と認定されている訴訟では、変形性ひざ関節症の疾病が原爆症と認められていないが、3日の熊本訴訟判決を評価しながらも、「もうこれ以上苦しめず、全部の疾病を認めてもらうわけにはいかないんでしょうか」と、怒りの表情も見せた。【遠山和宏、錦織祐二】

「毎日新聞」2009年8月4日

第2章　代理人の訴え

被爆現地の調査でわかったこと

2003年10月24日　弁護士　三角　恒

　私たちは、先月の9月6日から7日にかけて広島へ、9月13日から14日にかけて長崎へと現地調査に行ってきました。その際、本件訴訟の原告の方々が当時被爆した場所も見てきました。実際に現地に行ってみると、話で聞いただけでははっきりつかめなかったことがはっきりしたり、新たな発見をしたことがたくさんありました。

　甲第5号証中の図面1ですが、これが長崎の爆心地です。長崎の爆心地は、長崎の中心街より若干離れたところにあります。中心地は、むしろ長崎駅付近です。これは、たまたま当時雲でおおわれて原爆投下できなかったのが、一時雲の隙間から長崎市内が見えたので、そこから原爆が投下されたと聞いています。もし、爆心地が実際より中心街に寄っていたら、被害はさらに拡大したものと思われます。

　長崎で被爆された原告番号9番の方は、爆心地から約2.1kmの西坂町という長崎駅から歩いて15分〜20分位坂を上がったところで被爆されました。ここから爆心地までは平地となっており、遮蔽するような高い山はなく、見晴らしのよい場所です。原告番号9番の方をMさんと呼びます。

　当時「ピカッ」という光があり、後ろを振り返ると、長崎駅の辺りが煙のようなグレイの状態であり、何も見えなかったと述べておられます。実際ここから長崎駅を見渡してみると、現在の長崎駅をはっきりと見渡すことができます。Mさんが20分〜30分位してから、裸足で外に出てみると、真っ黒に焦げたような人が裸で布なのか皮膚なのかわからないようなものをぶら下げておられ、両方から支えられて来られた、と述べておられます。

　甲第2号証P.7の写真は、8月10日〜11日頃、長崎の大村海軍病院で

写したものであり、全身ボロボロに皮膚が垂れ下がった少女を写したものです。Mさんは被爆して3～4日位して、疎開先の西彼杵郡琴海町という自宅から20km位離れたところまで、Mさんの姉らとともに着衣を積んでリアカーを引いて朝から晩までかけて長崎市内の爆心地を通って行きました。その途中は、建物は影も形もなく瓦礫の山であり、黒こげの死骸が悪臭を放っていました。岩川町ではそのような状況であったと述べています。

甲第6号証のⓒ、この写真は、原爆が投下された翌日の8月10日の岩川町付近（爆心地より南南東700m）を写した写真です。

次に甲第6号証のP.26～27、これは爆心地付近の写真であり、死体が黒こげになって、空をつかむ姿で、あるいは逃げようとする動作のままの状態でいるのが分かります。

Mさんは、疎開先に着いて近くの小屋に連れて行かれ、その後激しい下痢とドロドロのトマトのような便が続くことになりました。食事も出来ず、意識もうろうとした状態で、うわ言を言うような状態が2ヶ月間続きました。Mさんは1958（昭和33）年、集団検診によって体のあちこちに斑点があることが指摘され、紫斑病ということで原爆症の認定がされました。

甲第6号証P.318の写真は、長崎の原爆被害者の健康診断風景であり、1970年（25年後）に行われたものです。

甲第6号証P.262は、広島被爆の2ヶ月後である9月3日に写された写真です。歯ぐきの出血、顔と上半身に斑点があるのが見えます。

次に、原告番号8番のKさんについてです。Kさんは広島市横川町という爆心地から1.2kmのところで被爆しました。甲第5号証の中の図面2の横川町というところでKさんは被爆しました。

甲第6号証のⒷの写真は、爆心地から東南東400～500mを写した写真であり、先の方に原爆ドームが見えます。Kさんの被爆地点は爆心地より北へ1.2km位のところですので、この写真とは反対方向ということになり、原爆ドームより1km位先のところということになります。

Kさんの自宅は同じ横川町にありましたが、自宅は爆風を受けて傾き、屋根が半分残っていたが崩壊寸前という状態でした。ここでは、Kさんだけでなく、家族はみな血性の下痢、発熱が続き、激しい急性症状が続いて

います。Kさんはさらに、市内の神社の半壊したところに移りましたが、血性の下痢、発熱が続きました。

　甲第5号証のP.51は、広島の9月中旬頃、被爆して1ヶ月経った被害者たちの生活を写した写真です。ござやすのこの上でかろうじて寝具らしいものをまとって横たわっており、あちこちに見える一升瓶は飲み水です。

　次に、当時倒壊と焼失をまぬがれた学校の校舎は、被爆直後から臨時救護所として使われていました。

　甲第6号証のP.26の写真は、広島の爆心地から北方2.4kmにあった大芝国民学校を臨時救護所としたものです。教室の片隅に布団にくるまった母と子が、医師の巡回視察を受けています。甲第6号証P.261は娘の方であり、被爆後2ヶ月たって、脱毛、下痢、発熱が続いていたときの写真です。

　Kさんは、昭和20年12月以降も骨ひょうそになったり、身体のあちこちに瘍が出来て、4月末まで苦しみましたが、このように化膿する病気が次々に現れたのも原爆で免疫力が低下したためです。その後Kさんは、数十年にわたり、種々の疾患を併発しましたが、今年3月に胆管癌で亡くなりました。

　原爆投下からすでに58年が経過しました。当時12～13歳だった子供たちが、今では年齢70歳を超え、老人となってしまいました。亡くなられた原爆症の被害者の方もたくさんおられます。気の遠くなるような長期間入退院を繰り返し、原爆症による後遺症で苦しめられ、なおかつ高齢になった今でも、その被害が残っていながら今なお救済されないというのは、悲劇としか言いようがありません。裁判所におかれましては、このような原爆被害者の悲痛な訴えに真摯に耳を傾け、被害の実態を直視していただき、被爆者の被害の実態に見合った、早期かつ適正な判断をされますことを切望しまして、私の意見陳述とします。

遠距離被爆者にも急性症状が

2003年12月19日　弁護士　田中真由美

　私は、長崎が好きです。稲佐山からの眺めはとても美しく、大好きです。
　この裁判に参加する前は、夜景のロマンティックなイメージだけがありました。裁判が始まり、今年の9月に原告、弁護団、支援の人とともに長崎の現地調査に行きました。原爆資料館で被爆直後の無惨な光景を見たあとに、稲佐山から長崎市全体を見渡しました。長崎被爆原告の方々の実際の被爆地も見渡せました。そのときには、被爆後の様子が目に浮かび、とても複雑な思いにかられました。この土地で、原爆という非人道的な兵器により、たくさんの人々が、命を、健康を奪われたのだと改めて思い知らされました。
　私の担当原告の井上保さんは、15歳のときに長崎で被爆しました。井上さんは、まだ14歳のときに学徒動員により家族と引き離され、熊本から長崎に来ていました。通称ダンベ船と言われる櫓こぎ船に乗船し、積み荷の上げ下ろしなどを手伝っていました。
　昭和20年8月9日午前11時過ぎ、井上さんは、長崎市立神町と小菅の間の、遮るものが何もない海上、船の上で被爆しました。爆心地からはおよそ4.5kmの地点です。その後、8月15日に熊本へ帰ることになりました。歩いて爆心地付近を通って道の尾駅まで行き、そこから列車に乗り、熊本へ帰ってきました。井上さんは、両足にひどいやけどを負い、皮膚が剥げてきて、痛みがとてもひどい状態でした。それでも、熊本に帰れることが嬉しくて、痛みをこらえて必死で歩いたそうです。
　熊本に帰ってから1ヶ月しないうちに、井上さんは、下痢や発熱などの症状が現れました。それはずっと続き、3、4年たってやっと治まったそうです。また、やはり熊本に帰って1ヶ月しないうちに、髪の毛が抜けてきて、4、5年後にやっと治まったとのことです。
　このように、爆心地から約4.5kmという比較的遠距離の地点で被爆した井上さんにも、放射線被曝による急性症状が明らかに表れているのです。

井上さんは現在、前立腺ガン、甲状腺機能低下症という疾病に苦しんでおられます。この疾病は、原爆放射線の影響に他ならないのです。
　では、この急性症状は、井上さんだけに現れたのでしょうか。
　原告第1準備書面添付の別表「東友会調査・未来への伝言」10番の男性は、工場で勤労動員中に、広島の爆心地から5.0kmの地点で被爆しましたが、9月15日から急性原爆症に襲われ、発熱、脱毛、下痢、吐血などがあり、一週間危篤状態となったそうです。
　また、42番の男性は、井上さんと同じく、長崎の爆心地から4.5kmの距離にある大浦の部隊兵舎で被爆しました。被爆後3、4日して発熱、頭痛、嘔吐などの症状が出ました。それでも8月31日まで救援活動を続けましたが、復員後、喀血して約1年間生死をさまよい、3年間入院したそうです。
　この他にも多数の遠距離被爆者に急性症状が現れています。こうした遠距離被爆者にも急性症状を発症する者が有意の数であることは、甲A第1号証「広島・長崎原爆被害の実相」にも指摘されています。これが事実なのです。
　ところで、現在の原爆症認定基準である原因確率論は、被爆線量推定体系であるDS86と、放影研すなわち放射線影響研究所による寿命調査・成人健康調査の調査データを基礎にしています。そして放影研でも、この遠距離被爆者に急性症状が現れていることはつかんでいます。しかしながら放影研は、これらの症状の原因を、放射線以外のストレスなどによるものとして、無視してしまっているのです。
　このように、事実を無視して原爆症認定を行っている点で、現在の原爆症認定は、原爆被害の実態を全く無視していると言わざるを得ません。
　今、全国でたくさんの原告が立ち上がっています。原爆投下から58年経過した現在、長年疾病に苦しんできた被爆者のみなさんは高齢化が進んでいます。それにもかかわらず裁判に立ち上がるのは、被爆の実態を正面から認めてもらいたい、そのうえで国の原爆被害者に対する誤った政策を改めてもらいたい、そして、世界のどこにも被爆者をつくってほしくない、という強い思いがあるからです。

裁判所におかれては、ぜひとも、被爆者たちがどのような肉体的・精神的被害を体験させられてきたのか、その被害の具体的な実態を直視していただきたい。そして、誤った科学論争に惑わされることなく、実態に基づいた適正な判断をしていただきたい。そう強く願います。

内部被曝を無視した認定基準

2004年4月16日　弁護士　小西直樹

　私は、国が、放射性降下物や誘導放射化された物質を呼吸や飲食などを通じて体内に摂取することによる被曝、いわゆる内部被曝を無視している点について、意見を述べたいと思います。

　国は、第3準備書面P.27において、「審査の方針（乙A1）においては、内部被曝による被曝線量を特に算出していないが、それは、……内部被曝による被曝線量が0.01センチグレイと極微量であったことによるものである」と主張しています。

　しかし、これは、被告にとってとりかえしのつかない、正確に言えば、審査の方針を抜本的に変えない限り修復することのできない決定的な誤りというべきであります。

　すなわち、原爆投下後、広島、長崎には、残留放射線や放射性降下物が充満していたため、全身から外部被曝していただけでなく、放射線に汚染された水・食物・粉塵・ほこりなどが口から体内に入った場合は、胃腸で吸収された放射性物質が体内で蓄積され、体内から放射線を放出し続けることになります。

　また、放射性微粒子は、鼻の穴から進入し鼻毛によって阻止されることなく肺胞まで達し、その後、血液によって体内の臓器・骨髄などに沈着します。

　このようにして、いったん体内に蓄積された放射性物質は、簡単に体の外に排出されることはなく、永続的に放射線を放出し続けるわけですから、被爆者は、体内に入った放射性物質によって常に被曝し続けることになる

のです。

　このように、内部被曝は、外部被曝と人体に対する影響の仕方が異なるため、極めて低線量でも人体に重大な影響を及ぼすのです。これは、チェルノブイリの原発事故以来、世界中で問題にされているところです。

　低線量であるからといって、無視してよいことにはならないのです。

　ミクロン単位の微粒子の細胞は、細胞分裂の全過程において、放射線感受性の強い時期、弱い時期を通じて継続的に被曝することになります。劣化ウラン弾を大量に使われたイラクにおいて小児白血病や奇形児が多数出ていますが、これも放射性微粒子による内部被曝の影響ではないかと言われています。

　また、被告は、本日陳述した第7準備書面P.11において、「己斐又は高須地区に降った『黒い雨』及び『黒いすす』に放射性降下物が含まれていたことが調査結果により推定できるのであるが、それ以外の地区に降った『黒い雨』及び『黒いすす』に放射性降下物が含まれていたことは、調査結果によって裏付けられてはいない」と主張しています。

　しかし、広島の己斐・高須地区、長崎の西山地区は、「黒い雨」が特に集中して降った地域であり、放射性降下物が地中に吸収されたため、かなり日時が経過した後にも測定可能であったに過ぎず、他の地域において放射性降下物の測定ができなかったからといって、放射性降下物の存在を無視したり軽視したりできるわけではありません。己斐・高須地区や西山地区に降った「黒い雨」や「黒いすす」に放射性降下物が含まれていたのが明らかであれば、むしろ、他の地域に降った「黒い雨」や「黒いすす」にも放射性降下物が含まれていたと考えるのが当然ではないでしょうか。

　さらに、被告は、第7準備書面P.7において、「脱毛等の症状は、放射線以外の原因でも起こり得る症状であるから、……原告第1準備書面において挙げられているアンケート結果等に現れた症状が原爆放射線に起因する急性症状なのかどうかはまったく不明である」などと主張して言います。

　しかし、そこまで被爆者の調査結果が信用できないと言うのであれば、それらがいかなる原因によるものか、被告において明らかにすべきではないでしょうか。

アメリカ放射線被曝退役軍人補償法は、原爆投下から1ヶ月後の入市アメリカ兵を「放射線による危険の伴う行動に参加」したとして、21種のガン疾病について補償をしております。アメリカでは入市被曝者に対して補償があるのに、日本では入市被曝者の疾病は原因確率0％とされ切り捨てられているのです。
　ところで、去る3月31日、東京地方裁判所民事第2部は、東訴訟について、原告勝訴の判決を言い渡しました。この判決は、P.134において、「残留放射線により放射化した土や埃に加え、放射性降下物の放射性物質が含まれていた可能性もある川の水を大量に飲んでいることから、内部被曝による影響も免れないものと推察される」としています。まさに、最新の知見を考慮した正当な判断といえるでしょう。
　ところが、被告は、不当にもこれを控訴しました。京都の小西さんについても大阪高裁まで争い、長崎の松谷さんに至っては最高裁まで実に12年もの間争い続けたのです。
　国は、被爆者が死に絶えるのを待っているのでしょうか。
　国は、これ以上、無意味な引き伸ばしをせず、速やかに被爆実態の即した認定に改めるべきです。
　1審判決までの時間すら、被爆者にとっては命を削るようなたたかいなのです。どうか、裁判所におかれましても、この点を十分考慮していただき、被爆者が生きていて良かったといえるような審理をお願いいたします。

「医師団意見書」の意義

2004年12月22日　弁護士　内川　寛

　原告らは、本日、「原爆症認定に関する医師団意見書」甲A第132号証を提出しました。私たちはこの医師団意見書のことを、「統一意見書」と呼んでいますので、ここでもその呼び名を使います。私は、この「統一意見書」が本件訴訟において持つ意義について意見を述べます。
　今、原爆症の認定を求める集団訴訟は、この熊本地裁をはじめとする全

国12の地方裁判所に162名の被爆者らが原告となって提訴し、闘いを進めています。広島・長崎の被爆者の中には、提訴を準備している方や、認定申請をしている方もいますが、それ以外でも、様々な健康障害に悩んでいる方は、まだまだたくさんいるはずですし、今後は被爆者の高齢化に伴い、こうした方はさらに増えるでしょう。こうした被爆者らの健康障害を、どう考えるのか。何を基準にして判断すれば良いのか。司法はどんな立場に立つべきなのか。この裁判では、それが厳しく問われていると言って良いでしょう。

統一意見書は、こうした問題に対し、被爆者らの診療に日々努めておられる全国の臨床医らが、医学の立場から提示した、いわば「回答」であり、われわれが進むべき方向性を指し示したものでもあります。

そもそも本件で、問題の根本はどこにあるのでしょうか。それは、被爆の実態を見るかどうかにかかっています。国は、DS86とこれを前提とした放射線影響研究所の疫学調査に依拠した原因確率という基準で被爆者らを切り捨ててきました。これは、戦後、原爆の被爆実態を隠そうとしてきたアメリカの政策の延長です。DS86は、アメリカの提供する検証不能のデータ、ソースタームを前提とする非科学的なものであることは野口邦和証人が指摘したとおりです。このDS86を使うこと自体が、アメリカの被爆実態隠蔽政策を受け継いでいることを如実に示していると言えます。

では、被爆の実態を見るとは、どういう事でしょうか。それはまず、広島・長崎の原爆被害は、人類がかつて経験したことのない最も深刻な放射線被曝を被爆者らにもたらしたことを重視しなければならないということです。それは、熱線、衝撃波、爆風とその後の大火災といったものとともに被爆者らを襲ったもので、初期放射線の外部被曝だけでなく、残留放射線による外部被曝及び内部被曝が問題になりますが、その被曝線量の数値化はそもそも不可能であることを認めなければなりません。そのことを前提に、どのような健康障害が原爆症であるのか、という点については、常に現在進行形の問題であることを考慮しなければなりません。被爆者に起きるあらゆる健康障害が、常に原爆放射線被曝との関係で検討されなければならないという立場に立つことが重要なのです。

「統一意見書」は、まさにこうした実態を直視する臨床医らの立場から、原爆症のあるべき認定基準について提言するものです。
　実態を直視しない認定基準を作ることの有害性は、水俣病の実例がよく示していると言えます。水俣病患者らを切り捨ててきた昭和52年判断条件と呼ばれる行政認定基準は、昭和60年の水俣病第二次訴訟福岡高裁判決において、水俣病の認定基準として狭すぎるとして否定され、その後の判決でも次々に批判されました。にもかかわらず国は、52年判断条件を維持し続けました。その結果はどうでしょうか。平成16年、今年、水俣病関西訴訟の最高裁判所判決において、認定基準で否定された人を水俣病と認めました。永年にわたる患者切り捨て政策がようやく司法の場で完全に否定されたのです。しかし、あまりに遅すぎたと言わざるを得ません。
　水俣病訴訟において、行政認定基準を打ち破ったのは、まさに被害の事実と、それと向き合って実態を直視してきた臨床医による統一の診断基準でした。「統一意見書」も、まさに同じ歴史的役割を担って示された基準です。来年は被爆60周年に当たります。年明けにも追加提訴が予定されています。高齢化する被爆者らが生きているうちに救済することが何より重要です。私たちはこうした立場から、裁判をしなければ認定・救済されないという現状を打破するため、全国の裁判所の中でも審理が進んでいるこの永松コートにおいて、「統一意見書」の示す「あるべき認定の条件」を基準として、原告らの健康障害を原爆症であると認める判断が下されることを求めます。私たちは、司法の場で示された断固とした判断をテコに、健康障害で悩む全ての被爆者らが早期に行政認定され、救済されるという、全面解決を勝ち取るべく、戦い続けるものであります。

遠距離被爆者の急性症状を直視せよ

2006年12月25日　弁護士　菅　一雄

遠距離被爆者・入市被爆者の急性症状の示すものは何か
　この裁判では、「遠距離被爆者や入市被爆者に放射線による急性症状が

あったのか」、これが一つの論点となってきました。

　例えば、脱毛はいわゆる確定的影響とされています。ですから、遠距離被爆者や入市被爆者が脱毛を起こせば、その人は少なくとも閾値以上の量の被爆をした、ということになります。まさに強い残留放射線の存在、あるいは遠距離における直爆放射線の存在を示す事実です。これらを非常に低く見積もるDS86によっては、この事実を説明することができません。したがって、DS86は間違っている。こうなるわけです。

　ところが、「いいや、そうではない」というのが被告行政です。「DS86は正しい。だから、遠距離被爆者・入市被爆者に急性症状が出るわけがない。ストレスや栄養不足、伝染病による症状と勘違いしたんではないですか」これが被告である行政の主張です。

　急性症状の存在は証明済みである
　では、急性症状はあったのでしょうか。
　私たち原告側は、この急性症状の存在を、本法廷においてすでに立証しました。放射線の影響としか考えられない個別症例が多数あります。疫学的調査は放射線との因果関係を否定しようがないことを示しています。機序については未だ解明されていない部分もあるとはいえ、とくに残留放射線の生じるメカニズムを中心に、爆心地から相当の遠距離にも、また、爆発時から相当の時間経過後にも、急性症状が生じうることも明らかにしました。

　個別症例について
　つい先ほども、遠距離・入市被爆者である原告の井上さんが、脱毛、下痢、発熱、火傷の治癒の異常な遅れ、という急性症状の経験を述べられました。
　他にも症例を挙げましょう。
　(1)まず、遠距離被爆者についてです。
　長崎の爆心地から約3kmの地点で被爆した11歳の少女が、被爆10日後から咽頭痛、点状出血、発熱、歯齦出血、食欲不振を起こし、翌月の9

月15日に亡くなりました。この少女を山口県立医学専門学校研究治療班が解剖したところ、卵巣、骨髄、リンパ組織に変化が見られました（「原子爆弾症（長崎）の病理学的研究報告」（「原子爆弾災害調査報告集」所収、甲A258）1253頁・第6例、同1254頁、1272頁第10表、1274頁第13表及び本文下から2行目）。放射線感受性の高いこれらの組織に起きた変化は、放射線の影響によるものとしか考えられません。同治療班は、彼女は「亜急性原子爆弾症のために死亡した」としています（同1244頁、1266頁）。この少女は、爆発時に家屋の下敷きになり右足を骨折しており、入市はしていないものと考えられます。ですから、爆心地から3kmの地点にも、死をもたらすほどの放射線が及んだことになるわけです。

　また、松谷訴訟原告の松谷さんは、最高裁判所が急性症状を認めた遠距離被爆者です。

　(2)次に、入市被爆者についてはどうでしょうか。

　広島地裁原告の大江賀美子さんの例は、いわゆる完全入市被爆者について裁判所が急性症状を認めた例です。

　大江さんは広島市に8月19日から25日まで入市しました。高校の同級生22人とともに入市し、被爆者の救護にあたったところ、全身倦怠感、吐き気、嘔吐、食欲不振、激しい下痢、下血、脱毛、頭痛を起こし、それらが半年から1年ほど続いたのです。しかも、大江さんの同級生を追跡調査したところ、ガンによる死亡、若年での死亡が多く、例えば白血病で亡くなった方が23人中2人もおり、また、生存者の多くが急性症状を起こしていました。

疫学調査

　さらに、遠距離被爆者・入市被爆者の急性症状の放射線との因果関係を示す疫学調査も多数あります。とくに、於保医師の調査や熊本の牟田医師らが行ったプロジェクト04は、残留放射線の影響に焦点を絞った調査であり、DS86の誤りを証明するものです。

　以上のように、急性症状の数々、被爆者の苦しみの数々がDS86の誤りを証明しているのです。被告は、苦しみながら亡くなっていった長崎の

11歳の少女に対して、その骨髄、リンパ組織、卵巣の変化はストレスや栄養不足、伝染病によるものだとでも主張されるのでしょうか？

司法の役割を発揮すべきとき
もう一度争いを整理しましょう。
「DS86は正しい。だから、急性症状はない」これが行政の立場です。
「急性症状がある。だから、DS86による認定は間違い。被爆実態を総合的に考慮して認定すべき」これが我々の立場です。そして、松谷訴訟における最高裁判所の立場であり、一連の原爆症認定訴訟における裁判所の立場でもあります。
似たような裁判の話を聞いたことがあります。
17世紀のイタリア。ガリレオは望遠鏡を作って、木星の衛星、金星の満ち欠け、太陽の黒点の動きを発見し、こう主張しました。「この3つは事実である。だから、地球が太陽の周りを回っている。（当時の）キリスト教の天動説の考え方は間違っている」と。
しかし、異端審問で、裁判所は逆さまの考えを採りました。「神様キリストのいる地球が宇宙の中心だ。だから、地動説は間違っている」。
倒錯した考え方に基づき、歴史に残る恥ずべき誤判をしてしまったのです。結局、1992年、ローマ教皇は誤りを認め、ガリレオに謝罪しました。
現代日本の原爆症裁判では、三権分立の立場から、司法権は行政の誤りを正してきました。これこそ、司法権の役割を見事に果たしたものと言えるでしょう。
本裁判においても、必ずや裁判所が事実に基づく正当な判断をなし、行政の誤りを正すものと確信するものです。

矢ヶ崎証人尋問の成果

2006年12月25日　弁護士　板井俊介

内部被曝についての矢ヶ崎証人尋問

本訴訟で行われた、琉球大学理学部教授である矢ヶ﨑克馬証人に対する尋問は、原爆症の裁判史上初めて、内部被曝の問題性に焦点を絞った証人尋問であった。
　原爆による被曝には、放射性物質が人体の外部から来た放射線を浴びて被曝する「外部被曝」のほか、放射性物質を体内に取り込んで身体内部において直接かつ継続して被曝する「内部被曝」とがある。
　ところが、現在の原爆症認定基準において、この内部被曝と外部被曝のうち、原爆爆発後1分以内に放出された、いわゆる初期放射線のみが主な対象とされ、それ以外の、いわゆる残留放射線による内部被曝については殆ど考慮されていない。
　矢ヶ﨑教授は、その尋問の中で、内部被曝の影響を考慮するに足りないものとする現在の認定基準の在り方を「全く科学的ではない」と断言した。
　私は、現在の認定基準の在り方が、決して科学と呼べるものではない事実を裁判所にもご理解して頂けたものと考える。

内部被曝の危険性について
　まず、矢ヶ﨑尋問では、原爆投下後、無数の放射性物質が、爆心地を含めた広範囲に降下した事実が明らかにされた。
　つまり、舗装道路などほとんど無かった昭和20年8月ころ、本訴訟の原告らを含む全ての被爆者は、放射性物質を含んだ様々なものが被爆地を覆い、真夏の暑い中、風呂にも入らないで汗だくになって、死体や残骸の片付けなどに従事しながら、放射性物質を含んだ埃にまみれた。そして、それだけではなく、ある者は息をするたびに、またある者は食べ物を食べるたびに、あるいは水を飲むたびに、放射性物質を体内に取り込んで、体内での被曝を受け続けてきたのである。
　仮に現在、原爆投下直後の状況を作り出したとして、誰がその中に入り込むであろうか。1995年に茨城県東海村で起きたJCO臨界事故の時でさえ、全ての作業員は、いわゆる放射線防護服で身体を完全に包み込んでいた。このことからも、防護服を着用しないでその状況に入り込むことは、まさに自殺行為であることは明確である。

しかし、昭和20年8月以降、全ての原告は、そのような危険極まりない状況を知るはずもなく、普段通りの生活をし、放射性物質を体内に取り込み続けてきたのである。

ところが、現在の審査基準は、原爆の炸裂当時、もっぱら初期放射線に曝されたか否かが問題とされているに過ぎないものである。このような基準は、内部被曝の危険性を無視した、極めて一面的なものに他ならない。

アメリカにおける入市軍人補償制度の存在

アメリカにおいては、原爆投下後約1か月後に、長崎に「クリーンアップ作戦」の名の下に入市した海兵隊員で、その後に多発性骨髄腫に罹患した隊員が多い事実を受けて、これらの退役軍人に対する救済制度として、「1988年放射線被曝退役軍人補償法」が存在する。

これは、特定期間内に、広島及び長崎地域に入市した事実がある限り、確率などを問わず、無条件に残留放射線による内部被曝があるものと推定して、その人体被害が放射線によるものとしての救済を認める法律である。これは、まさに、内部被曝の未知数の危険性が公知の事実として認識されていることを如実に示すものであるが、注目すべきは、同法では、現時点において補償対象とされるガンが21種にまで拡大されていることである。

その他、ネバダ州にある核実験場の風下地域住民とウラニウム鉱山に従事した労働者に対してさえも、14種のガンを補償対象とした立法がなされている。

このようにアメリカでは入市の事実がある限り、「無条件に救済」を行うのに対し、日本における審査基準は、余りに「厳しい確率を課す」ものであって、被爆者救済という被爆者援護法の趣旨を充たしていない。

ウェザリングについての被告国の反論の破綻

以上に対し、被告国は、広島・長崎で放射性降下物のあった地域での体内の放射線量を測定した結果、それは極微量であったとし、大阪地裁における小佐古意見を踏まえて、放射性物質が風雨により受ける影響、すなわち「ウェザリング」を考慮したのであるから、その科学性に問題はないな

どと主張している。

　しかし、これは、完全に虚偽である。

　なぜなら、被告提出の「原爆線量再評価（DS86）」（乙A第16号証、P.214）にも、ウェザリングは「不可能」と書かれており、さらに、私自身も、大阪地裁での小佐古証人尋問に立ち会ったが、小佐古氏は、原告ら代理人による反対尋問に対し、明らかに「（ウェザリングの）方式がないんじゃ、採用のしようがありません」と述べており（小佐古調書56頁）、結局、被告国側の専門家でさえ、ウェザリングを行っていないことを自ら認めているからである。結局、国側証人も、ウェザリングを「できないから、やらなかった」と答えているのである。このような小佐古証人の証言をねじ曲げて主張する国の姿勢は悪質極まりないものである。

　原爆投下後の「3か月間には広島で900ミリ、長崎では1200ミリの大量の降雨があ」り、「両市共1945年9月17日の台風にあい」（枕崎台風）、さらに「広島は10月9日に二回目の台風にあった」。しかし、放射性物質に関する「データは、風雨の影響に対する補正なしに使用された」のであるから、実際の放射線量より過小評価されていることは明らかである。

　このようなことを理由に内部被曝を無視する「審査の方針」は科学的に合理性を欠くといわざるを得ない。

結論

　以上のとおり、矢ヶ﨑教授の証言は、その危険性が明らかにされるに至った内部被曝を無視する現在の認定基準が誤ったものであることを的確に指摘しながら、より科学的見地に近づこうとするものである。

　裁判所においても、このような現在の認定基準の誤りを明確に指摘し、内部被曝を判断基準に取り込む「医師団意見書」に基づいた原告を救済する判決を下すべきである。

被爆者に国家賠償を

2006 年 12 月 25 日　弁護士　小野寺信勝

　原爆投下から 60 年が経過しました。しかし、原告らは、被爆により心身ともに重大な健康被害を受けられ、今なおその被害に苦しめられています。原告らが、今、原爆症の認定を求めて裁判をしているのはなぜでしょうか？

　原告らは国の愚かな政策によって、望むと望まないとに関わらず、悲惨な戦争体験を余儀なくされました。それだけでなく、原爆という人類史上最悪の非人道的兵器による被害まで受けさせられました。被爆者たちは、自らの意思に関わりなく一方的に、親、兄弟、友人、多くのものを奪われたのです。さらには、自らの健康までも奪われました。原告らは 60 年間という長い年月、病魔と戦うことを余儀なくされました。一つの病気を克服してもまた違う病気になる。原爆投下を境として自らの体がおかしくなっていく恐怖に怯えながら、病魔と闘い続けました。また、原告らは、社会の偏見から自らが被爆者であることすら人に言うことはできませんでした。被爆者であることを必死に隠しながら孤独に闘い続けたのです。

　原告らにとっては、十分な医療を受けることができないということは、死に直結する問題です。原爆投下前の健康な体を取り戻すことはもうできません。ただ、せめて医療だけは十分に受けたいという切なる思いのもとで、原告らは、国に対して原爆症認定申請をしました。被爆者であることを隠していた原告らにとっては相当な覚悟だったことでしょう。

　しかし、国は被爆者に対して冷酷な仕打ちをしてきました。被爆者の必死の訴えに対して全く合理性のない基準を機械的に適用し、原告らの病気は原爆が原因ではないと救済を拒んだのです。それも、定型的な文言の書かれた紙切れ一つでです。

　原告らにとって紙切れ一つで死刑判決を受けるようなものでした。そこには、到底納得のいく理由は何ら書かれていません。原告らはいずれも高齢です。全国の原爆症集団訴訟の原告 171 名のうち 21 名がすでに亡く

なっています。熊本でも原告21名中すでに5名の方が亡くなられました。原告らにとって一刻も早く原爆症と認定されることは死活問題なのです。

　しかし、国は速やかに認定せず、中には申請後、1年以上も待たされたあげく却下された方もいます。しかも、審査が十分になされたとは到底言えません。

　2006年8月3日の読売新聞広島版には審査の実態について驚くべき記事が載っていました。2003年2月から2年間にわたり、原爆症の認定を審査する厚生労働省「疾病・障害認定審査会原子爆弾被爆者医療分科会」の委員を務めた広島県医師会長の碓井静照氏は、原爆症認定の実態について次のように話しています。「申請者が原爆投下の翌日に広島市中心部を通ったと言っても、被爆もしていない審査員が『そんなことはできない』と言うのです」「防火用水の中を通り、その場所に行った人もいるという話を聞くと」「広島の土地を知らない審査員は『できない』というのです」「申請者に有利に解釈しようとはしないのです。しゃくし定規にあてはめているだけで、血が通っていないと思います」「被爆線量だけで判断し」「審査員は基準を満たして認定されるとわかれば、ほとんど読みませんし、認定されない人のものを見ることはありません」と。

　そして、小西訴訟京都地裁判決においても医療審議会の審議内容について「申請者を診察することもなく、通常申請者の主治医から意見を聴取せず、申請案件に関する要点を記載した書面によって一件あたり数分間の検討をして結論を出すのが通常の扱いであり、審議の記録は係官がメモ程度のものを作成するに過ぎず委員の確認を得るような議事録は作成されていなかった」と認定されています。

　原告らの苦しみは、わずか数分間の検討だけで踏みにじられたのです。

　原告らは国の冷酷な仕打ちに深く心を傷付けました。本来ならば平穏な老後をおくっていたはずです。しかし、原告らは放射線によって蝕まれた病魔に冒されながらも、訴訟によって国の非情な仕打ちを正すために闘わざるをえません。

　原告らの苦しみは国の却下処分が取り消されたからといって慰謝されるものでは決してありません。国は自らの行った非道な仕打ちに対して原告

らに損害賠償責任を果たさなければなりません。

　裁判所におかれましては、国によって踏みにじられた原告らの心の痛みを真摯に受け止め、国に対し損害賠償を命ずる判決をくだされたい。

あるべき認定条件について

2006年12月25日　弁護士　中島潤史

　私からは、原爆症の認定に関して、あるべき認定の基準について意見を述べます。

　原爆症の認定というのは、厚生労働大臣が行います。

　しかし、実際には、厚生労働省の原子爆弾被爆者医療分科会というところが審査を担当しています。

　医療分科会は、「審査の方針」（乙A1）という基準に基づいて、原爆症の認定を行っています。

　「審査の方針」では、被爆者の被爆距離などから、被爆者が浴びた放射線量を計算しています。

　放射線量は、DS86という基準で評価します。そして、原因確率という表にあてはめます。原爆症の認定申請をした被爆者は、すべてこの表にあてはめられて、認定されるか、却下されるか、判断されます。

　認定されるか、却下されるかは、原因確率が10％を超えるか、超えないかで判断されます。

　被告の主張をもとに、審査の実態を見てみます。

　例えば、既に亡くなられた原告の黒田博子さんは、広島で爆心地から約1.2kmの地点で被爆しました。これを「審査の方針」の別表9にあてはめると、173センチグレイという被曝線量になります。

　しかも、被告は、黒田さんが屋内で被爆したので、被曝線量はその7割にすぎないとして、黒田さんの被曝線量は121.1センチグレイであると主張しています。さらに、黒田さんの場合、残留放射線や放射性降下物による被曝の影響はまったく考慮されません。

そして、黒田さんは、胆管がんを患ったので、「審査の方針」の別表2－1にあてはめることになります。
　黒田さんの被爆時の年齢は13歳で、被曝線量121.1センチグレイなので、原因確率は7.7％となります。10％未満だから、却下です。
　このように、審査はとても簡単なものです。
　次に、原告番号16番のAさんについても、見てみましょう。
　Aさんは、長崎で爆心地から約2.5kmの地点で被爆しました。これを「審査の方針」の別表9にあてはめると、2センチグレイという被曝線量になります。
　しかも、被告は、Aさんは、遮蔽のある路上で被爆したと主張し、被曝線量はその7割にすぎないとして、Aさんの被曝線量は1.4センチグレイであると主張しています。さらに、Aさんの場合も、残留放射線や放射性降下物による被曝の影響はまったく考慮されません。
　そして、Aさんは、女性で、肺がんを患ったので、「審査の方針」の別表6-2にあてはめることになります。
　Aさんの被曝線量1.4センチグレイなので、原因確率は4.5％を超えることはないことになります。10％未満だから、やはり却下です。
　このような簡単な審査で、被爆者の方々は原爆症の認定審査を受けているのです。このような審査方法が、本当に科学的であるといえるでしょうか。
　「審査の方針」が基本的な誤りを犯していることについては、先ほど他の原告ら代理人の方から意見を述べました。
　特に、初期放射線ばかりを考慮して、残留放射線や放射性降下物の影響をほとんど考慮していないこと、内部被曝の問題を取るに足らないものとして無視していることは、非常に問題です。
　「審査の方針」によれば、爆心地から2.5kmを超える地点での被爆者は、ほとんど放射線に被曝していないことになります。
　しかし、様々な調査で、2.5kmを超える地点での被爆者にも、放射線による急性症状が発症していることが分かっています。「審査の方針」では、ほとんど被曝していないとされる人にも、放射線によるとしか考えられな

い急性症状が発症しているのです。

　このような現実を合理的に説明するためには、残留放射線や放射性降下物の影響と、内部被曝の影響を考えざるをえないのです。

　被告は、DS86や原因確率をあたかも科学的に完全なものであるかのように主張しています。しかし、悲惨な広島・長崎の被爆の実相を、単なる数値で図ることができるはずがありません。被告の「審査の方針」は誤りなのです。

　私たちは、「審査の方針」に代わる、新たな認定の基準を定めるべきだと考えています。それは、医師団意見書（甲A132）に記載された「あるべき認定の条件」以外にありません。

　被爆者は、被爆直後から救護や家族の捜索などのために、爆心地付近を歩き回り、汚染された遺体や着衣に接触したり、瓦礫などを片付けるときに放射性の微粒子を吸い込んだりしています。

　その他にも、ごみが積もった防火用水から水を汲んできて飲んだり、缶詰工場の残骸から、食べ物を取ってきて食べたりすることもありました。単なる数値ではなく、こうした当時の生々しい被爆の実相を踏まえて、「あるべき認定の条件」は考えられたのです。

　このような「あるべき認定の条件」によると、原爆症の認定の判断はどのように行われることになるでしょうか。先ほどのAさんの例で見てみましょう。

　Aさんは、長崎で爆心地から約2.5kmの地点で被爆しました。したがって、初期放射線に被曝していると考えられるので、①の要件を満たします。

　次に、Aさんは、路上で被爆しましたが、一緒にいたAさんの母親がAさんをかばって、母親が上に乗った状態で、道路の上に腹這いになりました。しばらくして起きあがってみると、周囲はほこりやススが舞い上がって、灰色で薄暗いほどでした。

　近くの工場もひどく崩れていて、外壁はほとんど崩れ落ちていました。Aさんは、そのまま自宅に帰りましたが、帰り道もほこりだらけでした。

　このように、Aさんは、被爆後、破壊された工場のほこり等の立ちこめる中を歩いて帰宅しているので、汚染された微粒子などが皮膚に付着した

り、吸い込んだりして残留放射線に被曝していることが十分考えられます。したがって、②の要件も満たします。

　さらに、Ａさんは、被爆するまでは、特に重い病気などしたことのなかった普通の小学生でした。ところが、被爆１週間後くらいから、ひどい下痢、嘔吐、吐き気、発熱、食欲不振、のど元のヒリつき、呼吸困難、背中の痛みといった症状により寝込んでしまいました。

　そして、１か月ほどすると、髪の毛が抜けるようになり、学校に行っても体がだるく、休みがちとなりました。このような症状は、放射線の影響による急性症状と考えるほかに説明がつきません。したがって、④の要件も満たします。

　以上のようなＡさんの被爆の実態を踏まえると、Ａさんには、相当な線量の被曝があったものと考えられます。したがって、１の要件を満たすといえます。

　そして、Ａさんの病気は肺がんです。肺がんは「固形がん」ですから、被曝後に固形がんに罹患したことになります。

　Ａさんは、肺がん以外にも、これまで貧血、狭心症、白内障などの病気にかかっており、その病歴から見ても放射線の影響が十分考えられ、その他に有力な原因は認められません。Ａさんの肺がんは被爆による後障害である可能性は否定できないのです。したがって、２の要件も満たします。

　こうして、「あるべき認定の条件」によれば、Ａさんの肺がんは、原爆症であると認められるのです。

　このように、「あるべき認定の条件」に基づく判断は、被告の「審査の方針」とは、判断方法がまったく異なることが分かります。

　「あるべき認定の条件」では、単なる数値の操作ではなく、被爆者の被爆の状況、被曝前後の健康状態やこれまでの病歴など、被爆者の被爆の実態そのものを総合的に捉えて、被爆者の病気が原爆症かどうかを判断しているのです。

　このように、被爆の実態を総合的に考慮して判断する方法は、東訴訟東京高裁判決や、近時の大阪地裁判決、広島地裁判決でも採用され、既に確立した考え方と言ってよいと思います。

松谷最高裁判決も、DS86が遠距離被爆者の急性症状を説明できないことを理由に、DS86の機械的適用を戒めており、同一の立場に立つものと言えます。
　私たちは、この「あるべき認定の条件」こそ、被告の「審査の方針」に代わる、新たな認定の基準だと考えています。このような「あるべき認定の条件」に基づいて、各原告について検討すると、先ほどのAさんだけでなく、黒田さんや他の原告も含めて、原告21名全員が原爆症と認められるのです。
　裁判所におかれては、被爆の実相を踏まえた「あるべき認定の条件」に基づき、すべての原告を救済する判決をなされるよう、強く要望いたします。

自己矛盾に陥った被告国

2008年9月22日　弁護士　寺内大介

　一審被告らが自己矛盾に陥っていることを明らかにしたうえで、本件訴訟進行に関して意見を述べる。

一審被告らの釈明
　一審原告らは、2008年5月2日付求釈明書において一審被告らに主張を明確にするよう釈明を求めた。要するに、今年4月から厚生労働省が採用している「新しい審査の方針」と本件訴訟における一審被告らの主張との関係を明らかにせよというものであった。
　これに対し、一審被告らは、平成20年6月16日付準備書面(3)において、釈明を試みた。すなわち、「『新しい審査の方針』が策定されたのは、従来の審査の方針に基づいてなされた原爆症認定申請却下処分が科学的、法的に誤っていたためではなく、飽くまでも行政上の判断から被爆者の援護範囲を可及的に拡大することとされたことによるものである」というものである。率直に言って、よく分からない説明である。

一審被告らの釈明を合理的に解釈するとすれば、1)「新しい審査の方針」が何ら科学的、法的根拠に基づかないものであるか、2)「新しい審査の方針」にそれなりの科学的、法的根拠はあるが説明はしない、と言っているかのいずれかということになろう。

　1)「新しい審査の方針」が何らの科学的、法的根拠に基づかないものであるとすれば、白昼堂々、違法行為をしていることになる。

　そうではなく、2)「新しい審査の方針」にそれなりの科学的、法的根拠はあるが説明しないということであれば、その理由は何であろうか。

　答えは一つ、「新しい審査の方針」がこれまでの一審被告の主張と矛盾するからに他ならない。

一審被告らの自己矛盾

　「新しい審査の方針」は、「①被爆地点が爆心地より約3.5km以内である者、②原爆投下より約100時間以内に爆心地から約2km以内に入市した者、③原爆投下より100時間経過後であって原爆投下より約2週間以内の期間に爆心地から約2kmの地点に1週間程度以上滞在した者の、ⅰ悪性腫瘍（固形がんなど）、ⅱ白血病、ⅲ副甲状腺機能亢進症、ⅳ放射線白内障、ⅴ放射線起因性が認められる心筋梗塞の放射線起因性については、積極的に認定する」としている。

　これは、従来の「審査の方針」からすれば、大幅に起因性判断を緩めたであることは明らかである。そして、一審被告らが、「被爆者援護法11条1項の解釈を変更したものではない」という以上、「新しい審査の方針」を説明するためには、(1)それまでの「審査の方針」ないしその運用が科学的、法的根拠を有しないものであったか、(2)「新しい審査の方針」が科学的、法的根拠を有しないものであるか、(3)「審査の方針」を策定した平成13年から「新しい審査の方針」を策定した平成20年4月までの間に新たな科学的、法的根拠が判明したか、のいずれかしか論理的にあり得ないはずである。

　一審被告にとって最も合理的な説明を試みようとすれば、「(3)平成13年以降に新たな科学的知見が判明した」というものであろうが、そうした説

明すらできない。

　要するに、一審原告らの認定申請を却下した「審査の方針」自体に科学的根拠がなかったために「新しい審査の方針」を策定せざるを得なかったというのが真実なので、「(3)平成13年以降に新たな科学的知見が判明した」との説明すらできないのである。

　その結果、本来であれば、「新しい審査の方針」に基づいて、一審原告らの主張に対する認否や一審被告らの主張を撤回・変更せざるを得ないにもかかわらず、「従前の被告らの主張は撤回しない」と居直らざるを得ないという自己矛盾に陥っているのである（準備書面(3)6頁）。

具体例

　例えば、一審被告厚生労働大臣は、一審原告上村について、「新しい審査の方針に基づいて再審査をし、平成20年5月21日付でその申請疾病である膀胱がんについて原爆症と認定した。

　ところが、本件訴訟において、一審被告らは、「何らの経験則に基づかずにこれを認めた原判決は失当であるから、一審原告上村に対する本件却下処分は適法である」と主張し（準備書面(2)26頁）、一審原告らの求釈明にもかかわらず、かかるいいかげんな主張を「撤回しない」などと言い張っているのである。

　かように無責任な態度をとり続けながら、とうとう決着済みの議論を蒸し返す一審被告らの姿勢には、同情の念すら禁じ得ない。

早期判決を

　一審被告らは、「新しい審査の方針」の科学的根拠を何ら説明できないにもかかわらず、「新しい審査の方針」で認定すべき被爆者に該当しないことを理由に、一審で原爆症と認められた10人の原告（被爆者）についてすら原爆症と認定しようとしない。全くもって不当というほかない。

　裁判所においては、一審被告らに一片の反省の態度も認められない以上、早期に、厳正な司法判断を下されることを切望する。

司法の流れを推し進める判決を

2009年3月30日　弁護士　久保田紗和

国の16連敗

　平成21年3月12日の千葉訴訟東京高裁判決、同年3月18日の広島第2陣集団訴訟判決、同年3月27日の高知地裁判決により、国は一連の原爆症認定集団訴訟において16連敗となりました。

東京高裁判決

　東京高裁判決は、がんについては、爆心地から一定の距離内で放射線を被曝した者にがんが発症した場合には、放射線起因性を否定するべき特段の事情がない限り放射線起因性を肯定するという取扱が合理的であることを述べた上、「新しい審査の方針」に明記されていないがん以外の疾患についても、一定の前提があれば、がんの場合に準じて考えることができるとしています。そして放射線被曝に起因してがん以外の疾患の発症又はその増悪について放射線被曝の影響に関する機序の解明が必要であるとするのは相当ではなく、当該疾患一般について原爆による放射線被曝がその発症又は増悪に有意に寄与すると認められ、かつ新審査方針が設定した原爆の被爆地点と爆心地との距離（やや離れているものでも、その距離と格段の相違がないと認められるものであれば、基準を満たすものとして取り扱うことが相当としています）という基準を満たすときには、放射線起因性が事実上推定されるとして、陳旧性心筋梗塞及び脳梗塞後後遺症を原爆症と認め、新しい審査の方針では不十分であることを指摘する内容となっています。

高知地裁判決

　高知地裁判決は、原子爆弾投下の結果として生じた放射能に起因する健康被害が他の戦争被害とは異なる特殊の被害であることにかんがみ、国の責任において、被爆者に対する総合的な援護対策を講じると規定する被爆

者援護法が、国家補償的性格を有していることなどを斟酌すれば、入市被爆者である原告の放射線起因性の判断は、審査の方針の基準によるのではなく、具体的な諸事情を基に、被曝の事実が疾病等の発生又は進行に影響を与えた関係が合理的に是認できる場合は、放射線起因性について高度の蓋然性の証明があったと解するのが相当であるとし、新しい審査方針において積極認定の対象外とされている虚血性心疾患についても放射線起因性を肯定し、新しい審査方針では不十分であることを認めています。

広島第2陣判決

広島第2陣判決は、一連の原爆症認定訴訟において、一部の原告についてではありますが、初めて国家賠償責任を認めました。同判決は、厚生労働大臣は、分科会が採用する放射線起因性の判断基準や分科会における資料の収集、認定・判断に不十分な点がある場合には、判断基準の是正を促したり、自ら必要な調査を行ったりする等の措置をとるべき義務を負っているにもかかわらず、これを怠って漫然と原爆症認定申請を却下することが国賠法上の違法であることを明示し、その違法性の程度は贖い得ないほどに強い非難に値すると述べました。この判決は、これまでの多くの裁判所が下した判断を無視し、真摯な態度を示すことのない国の姿勢を厳しく断罪するものであり、「裁かれた政府の怠慢」（3月26日朝日新聞）と報道もされました。

尊重されるべき司法の流れ

原爆症認定集団訴訟において、各裁判所は、被爆者救済という法の趣旨及び被曝・被害の実態を直視し、国の審査方針の誤りを断罪する大きな流れを作り出してきました。そしてまた、司法を無視し続ける国の姿勢そのものに違法という判断を下す歴史的な判断が下され、多くの国民に評価されて、大きな流れをより推し進めています。

貴裁判所における第1陣判決が、この流れを大きくする成果を果たされたことはいうまでもありませんが、集団訴訟原告のうち既に63名が亡くなり、多くの未救済の被爆者が残される中で、これまでの司法の流れを更

に推し進め、真の解決に結びつく画期的な判決を下されるよう切望し、私の意見とします。

急性症状は心理的影響ではない

2009年3月30日　弁護士　加藤　修

　はじめに、急性症状を論ずる意義について述べる。
　急性症状は3.5km以内の被爆などのいわゆる積極認定対象被曝の場合には全く問題とされておらず、認定審査運営上も要件とは考えられていない。
　それをふまえたうえで、積極認定対象被曝以外の原告についての申請疾病の放射線起因性を強く裏付ける一つの事情として、急性症状を取り上げる意味がある。
　被爆者の急性症状をめぐる議論の中心点は「原爆被害の複雑さ」で述べられている原爆被害の重積性、かさなりあいをどう理解するかにかかわっている。
　即ち「原爆被害は放射線事故とは異なり、初期放射線と残留放射線が複合し、初期放射線もガンマ線と中性子線の両者を含み、残留放射線も放射性降下物から放出されたものと、誘導放射化物質から放出されたものがあり、被爆の態様も体外からの外部被爆と体内にとりこまれた放射性物質による内部被曝とがある」と述べられているとおりである。
　そして、そのことは、当時被爆者が放射線の被爆と認識していないことにより無意識のうちに残留放射能と接することによりさらに強く汚染されるのである。
　被告の主張する「原告らの訴える急性症状は原爆の放射線による急性症状ではない」という理屈に従うと、現実とは全くあわないということになる。
　例えば、脱毛を例にとると、東京帝国大学医学部医療班の「原子爆弾災害報告書」の「梶谷・羽田野報告」によれば、放射能症例909例中、脱

毛は707例に認められており、しかも、その内、1.1km以遠は475名（67.2%）に及ぶ。これを心理的影響であって原爆放射線の影響でないと切り捨てることは原爆の被害を全くみていないこととなる。

また、下痢については、齊藤紀医師が直接聴き取りをした中谷の例がある。中谷は、呉海兵団で幹部練習生の教官をしており、被爆時は広島から10kmの地点である呉に居た。同人は「呉兵団第1救出隊長」として、複数の部下を率いて「午前9時30分頃、水雷艇で宇品上陸。5日間の活動」に入る。そして「爆心地から1.5kmの千田町の日赤病院に独断で行き、3日間の活動」をしたとされる。

そこで「池の水をあてにし、水桶の水は皆全部炊きし、汚れていても大丈夫と思ったが、放射線の水とは知らず全員下痢となる」「8月8日全員活動不能となり」「全員下痢のため呉海兵団に帰る」とされている。

広島日赤病院は、爆心地から1.5kmであり、DS86ないし旧「審査の方針」によれば、残留放射線の線量はゼロとされている。このような事情を考えたとき、救援に入った全員に下痢が生じたことを放射線の影響ではないと考えることは困難である。なお、この下痢が細菌性の下痢でないことは煮沸消毒した水であったことから確認される。

以上のとおり、原爆の深刻な実態を見ず、心理的影響で片付けようとする被告の主張は真実ではなく許されないものである。

原告宮本喜一は原爆症である

2009年3月30日　弁護士　田中裕司

私は、原告宮本喜一について意見を述べます。

被爆の事実について

国は、原告宮本が「原爆放射線に被曝していないといっても過言ではない」（第10準備書面40頁）などと被爆の事実そのものを否定するような主張をしています。

しかし、原告宮本は、長崎の爆心地から約3.8kmの防空壕の入り口付近で作業をしていたのですから、「新しい審査の方針」にいう①約3.5km以内での被爆者といえます。

また、当日、爆心地から約1.3kmの大橋工場まで2往復していることは当事者間に争いがなく、②100時間以内に2km以内に入市した被爆者でもあります。

にもかかわらず、国は、どうして、何のためにこのような主張をくり返すのでしょうか。

原告宮本が原爆放射線に被曝していないなどという被告の主張は、ためにする議論と言わざるを得ません。

申請疾病の放射線起因性について
(1)変形性腰椎症について

国は、変形性脊椎症と放射線との関連性を肯定した熊本地裁第1陣判決を縷々批判していますが、この判決は、多様な知見を根拠に放射線被曝による骨の特異的な変性を指摘した上で、変形性脊椎症と放射線との関連性を肯定したものです。

この点については、ぜひとも、本日提出した福岡高裁での被告の主張に対して牟田医師が反論した意見書（甲A321）もご参照下さい。

また、被告は、原告宮本に30歳ころから腰痛が出始め、昭和40年代に強度の貧血があったことについて、本人と池田医師の記憶のみに基づくものであり、認められないとも主張しています（第10準備書面40～41頁）。しかし、池田医師は、確固たる記憶に基づき意見書に診察歴を記載しているものであり、池田医師が、あえて、虚偽の事実を記載する必要も可能性もないはずです。

原告宮本の被爆状況と変形性脊椎症に関する知見に照らせば、原告宮本の変形性腰椎症に放射性起因性が認められることは明らかです。

(2)虚血性心疾患について

国は、放影研の報告についても、極めて恣意的な引用をして、心疾患の放射線関連性を打ち消そうと躍起になっています。

例えば、AHS 第 8 報（乙 A101）について「心臓血管疾患のいずれも放射線量との有意な関係は示さなかった」との箇所のみを引用して（訳文 5 頁）、あたかも心臓疾患には放射線との関連がないかのように主張しています（第 10 準備書面 43 頁）。しかし、この報告書は、要約において「40 歳未満で被爆した人の心筋梗塞に有意な二次線量反応関係を認めた」としているのです（翻訳 1 頁）。だからこそ、国も、「新しい審査の方針」において心筋梗塞を積極認定対象疾病にしたのではないでしょうか。

また、国は、原告宮本の喫煙歴をリスクファクターとして問題にしています。しかし、さきほど紹介した AHS 第 8 報では、「喫煙や飲酒で調整しても結果は変わらなかった」とされているのであり（翻訳 1 頁）、喫煙歴で放射線起因性を否定することはできないのです。

以上述べましたとおり、原告宮本の変形性腰椎症、虚血性心疾患は、いずれも原爆症と認定されるべきです。

原告村上務は原爆症である

2009 年 3 月 30 日　弁護士　西　清次郎

被曝の事実が明らかであること

原告村上は、爆心地から約 2.5km の地点で被曝した後、頭皮を傷だらけにして全身に灰をかぶりながら、長崎駅の防空壕に避難しています。したがって、熊本地裁第 1 陣判決が認定したように「残留放射線による相当量の内部被曝をした可能性」がありますし、「新しい審査の方針」で積極的に認定する範囲である「被爆地点が爆心地より約 3.5km 以内である者」にも該当します。

甲状腺機能低下症に放射性起因性が認められること

被告は、原告村上の甲状腺機能低下症は自己免疫性ではなく、放射性起因性を認めることは出来ないと主張しています。

しかし、原告村上の甲状腺機能低下症は、2004（平成 16）年 8 月 19 日

の治療を開始する前の甲状腺ホルモン検査で、特発性甲状腺機能低下症と考えられ、その圧倒的多数は橋本病すなわち自己免疫性であるうえ、甲状腺自己抗体検査には偽陰性もあることから、自己免疫性甲状腺機能低下症と考えることも十分可能であり、自己免疫性機能低下症ではないと決めつけることはできません。

そして、自己免疫性でない甲状腺機能低下症について放射線起因性を認めた大阪高裁判決が既に確定していることや、国の認定実務において自己免疫性がどうかの確認なく認定されていることも合わせ考えれば、原告村上の甲状腺機能低下症に放射性起因性が認められることは明らかです。

白内障に早期発症していたこと

被告は、原告村上の白内障は、老人性白内障であり、放射線起因性を認めることはできないと主張しています。

しかし、武藤興紀医師が作成した意見書には、「白内障の存在は、60歳のときすでにあったが、あまり進行（視力低下）は起っていないことから、それ以前に発生した白内障が今に続いていると考えられる」と記載されています（乙B10の4）。すなわち、原告村上の白内障は、通常の老人性白内障よりもかなり早期に発症していと考えられます。

したがって、原告村上の白内障は、遅発性の放射線白内障か早発性の老人性白内障のいずれかであり、放射性起因性が認められるべきです。

良性腫瘍の放射線起因性を肯定した熊本地裁判決は正当であること

被告は、熊本地裁第1陣判決が、原告村上の胃粘膜下腫瘍について放射線起因性を肯定したことについても誤りであると主張しています。

この点については、福岡高裁でも同様の主張をしておりますので、本日提出しました牟田医師の意見書（甲A323）をご参照下さい。

慰謝料が認められるべきこと

以上より、原告村上を原爆症と認定すべきであることは明らかです。
ところが、原告村上は、1陣判決で認容されながら、被告が控訴したた

め救済されていません。また、甲状腺機能低下症と白内障を申請疾患とする２度目の認定申請も却下されました。このように厚生労働大臣が、漫然と申請を却下したことは、職務上尽くすべき注意義務に違反しています。原告村上の精神的苦痛を慰謝するべく、損害賠償も認められるべきです。

患者救済における司法の役割

2009年3月30日　弁護士　国宗直子

　私は、この原爆認定訴訟の弁護団のメンバーであると同時に、熊本地裁で行われましたハンセン病国賠訴訟の弁護団のメンバーでもあります。

　ハンセン病国賠訴訟では、2001年5月11日に熊本地裁で、日本で行われたハンセン病強制隔離政策が誤っていたことを断罪する違憲判決が言い渡され、この判決は控訴されずに確定し、その後の、わが国のハンセン病政策の転換の礎となりました。

　この判決は、人権が侵害されているときに、司法がどういう役割を果たしうるかということを明確に示してくれました。法律の条文にただ拘泥した法解釈からは違憲判決は生まれません。被害の実態を冷静に客観的にとらえ、その被害の実態を理解しつつ、その解決のために真に役に立つ判断をするということ。ハンセン病国賠訴訟の判決はまさにそういう判決でした。これが、その後にどんなに大きな影響をもたらすかは、この判決後の8年間の動きをみれば明らかです。この8年間、日本政府はハンセン病問題の解決のために、謝罪、名誉回復措置、隔離の被害者の生活保障、真相究明等さまざまな施策を行ってきました。そして、この4月には、総合的な施策の基本となるべきハンセン病問題基本法（「ハンセン病問題の解決の促進に関する法律」）が施行されます。熊本地裁の判決がなければ、このような動きをつくることは到底できませんでした。

　国の行った行為により厳然たる人権侵害の事実があるのに、多くの人が救済から切り捨てられ長い間放置されてきたという点では、原爆被害者の問題もハンセン病の問題と同じだと言えます。

この原爆病認定訴訟は、そうした国の政策を根本から問い直し、その抜本的な改善を図ることを大きな目的のひとつとしています。1陣についての石井判決は、まさにこの要請に真正面に応えていただいたものでした。石井判決は、国に「新しい審査の方針」を策定させる契機となりました。これにより、多くの被害者が新たな認定を得ることができ、原爆症問題の全面的な解決へのうねりが作り出されてきました。

　しかしながら、国の方針はまだ、原爆症問題を全面的に解決するものになっていないことは、まさにこの訴訟が明らかにしてきました。私たちは、1陣についての石井判決が指し示した道をさらに一層推し進めていく必要があります。

　裁判所は人権の砦です。被害の実態を冷静に見つめ、原告らを正当に救済し、多くの国民が司法に期待する法の支配という役割をもう一度果たしていただきたいと思います。

　原告らが非常に高齢で、かつ病弱であるということも、この訴訟はハンセン病訴訟と同じです。原告らは時間がありません。裁判所の明確な断固とした判断により、1日も早い解決の日が来ることを願ってやみません。

原爆症問題の解決のために

2009年3月30日　弁護士　板井　優

　私は、本件訴訟の結審にあたり、原爆症認定集団訴訟の解決に向けての意見を述べたいと思います。

　私たちが、この熊本で原爆症集団訴訟を提起したのは、この熊本にも2000人を超える被爆者がいたからですが、もちろん、それだけではありません。

　御承知のように、長崎の松谷英子さんが最高裁で原爆症と認められましたので、誰もがこれで問題が解決すると思っていました。この判決を受けて、厚生労働省は、審査の方針を変えましたが、これは、驚くべきことに松谷さんですら救済しない被爆者大量切捨ての方針でした。

こうした中で、行政の原爆症患者切捨て政策を転換させるためには、集団訴訟以外にないということで、私たちは原爆症認定集団訴訟をこの熊本でも提起したのです。
　その後、いくつかの判決がありましたが、07年7月30日の熊本地裁判決が大きく歴史の流れを変えました。この判決を受けて、当時の安倍内閣は従来の方針の見直しを決意し、昨年3月17日「新しい審査の方針」を打ち出しました。確かに、この方針は従来の審査の方針を転換するものではありましたが、被爆の実態に即したものではありませんでした。その結果、各地の裁判所は、行政が認定しない原告を続々と原爆症と認定して来ました。

破綻した新しい審査の方針
　ところで、昨年3月17日に出された「新しい審査の方針」で、今年3月23日現在で2940件が原爆症と認定されました。その内容は、被爆の実態からするとまだまだかけ離れています。その問題点は、次の通りです。
　第1に、この内、積極認定の大多数は悪性腫瘍に過ぎず、認定疾病のうち白内障は48件、心筋梗塞は27件で合計わずか76件に過ぎません。積極認定と言いながら救済の枠を悪性腫瘍のみに狭めているのです。
　第2に、舛添要一厚労大臣が迅速な救済が行われるとした総合認定はどうでしょうか。現時点で、総合認定は165件ですのでこの1年の月平均だと20件を割っており圧倒的に少ないのが特徴です。しかも、ここでも18件の甲状腺機能低下症、2件の造血機能障害による認定（20件）を除けば、悪性腫瘍に限定されています。幅広い疾病を迅速に救済するという状態ではありません。
　第3に、現在申請滞留者が8000人を超えているということです。これは現在の仕組みで認定すべき者すらも救済せず、多くの被爆者の不信感を募っているということです。これに対する不作為の異議申し立てには全国で197人の申請者が立ち上がっています。
　第4に、新しい審査の方針では、裁判所で原爆症と認められた勝訴原告のうち50人を超える人が認定をされていません。

第5に、国は平成21年度予算で2800人分として122億円を計上していますが、現時点でもこの数字を超えており、現在の新しい審査の方針を前提にする限り、早晩破綻することは明らかです。

全面解決の道筋
　今月12日の千葉訴訟東京高裁は、より幅広い認定の考え方を示して私たちが打ち出している積極認定の考え方を支持し、今月18日広島地裁は、国家賠償上の違法を初めて認めました。これらの判決は、先週金曜日27日に虚血性疾患の放射線起因性を認めた高知地裁判決も含め、いずれも「新しい審査の方針」を厳しく批判した上で出されたものです。
　私たちは、現在の「新しい審査の方針」の積極認定に、肝機能障害と甲状腺機能障害などを入れること、裁判所が認定した者を全て行政も認定し総合認定のモデルケースとして運用すること、そして、従来の審査の方針に固執する「学者」を一掃することを求めるものです。その上で、迅速な審査体制を整備確立することが急務だと確信いたします。その上で、国は違法な被爆者切り捨てをしてきたことを謝罪すべきです。
　今、この国の行政のトップである内閣総理大臣は、「新しい審査の方針」を改定し、迅速な認定制度を確立するという指示を出すことが求められています。
　今後、大阪高裁（5月15日）、東京高裁（5月28日）と判決が連弾されます。
　私は、最終的には、この石井コートが今年の8月の前に最終的な解決を促す歴史的な判決を下して頂きたく意見を申し上げて、私の陳述を終わりたいと思います。

おわりに〜戦争も原爆も原発もない世界を

熊本県原爆被害者団体協議会事務局長　中山高光

　私は、南米のペルーで生まれ、戦争のために帰国して、長崎で原子爆弾被爆者になりました。日米政府による侵略戦争とアメリカによる原爆投下への怒りが消えることはありません。

　1945年8月9日午前11時2分、ビル5階窓の向こうに、突然、小型太陽のような火球が輝き、私は爆風で飛ばされ、住んでいた三菱長崎造船所の浦上寮一帯は焦土となりました。その夜は畑の中に野宿し、寝る所も食べる物もなく、熊本に帰りましたが、10日ほどして下痢、ノドの腫れ、発熱などが続き、「原因不明の病」で休みました。
　原爆放射線による「急性症状」であり、その後も体調不良が続き、十二指腸潰瘍、胃潰瘍、胆石症、高血圧症、変形性脊椎症、甲状腺機能低下症などに悩まされ続けました。
　原爆症認定集団訴訟に加わり、司法判断で原爆症認定を勝ちとることができました。

　今、東日本大震災で「原発事故」による「放射能被害」が深刻な問題となっています。
　しかし「原爆投下」では「特殊爆弾」との発表しかなく、被爆者は「放射能の危険」も全く知らされず、焼け跡で10年間も暮らし続けたのです。1954年3月1日のビキニ水爆実験被害で初めて「放射能の危険」を知り、原水爆禁止世界大会が開かれ、大会に招かれた被爆者代表が「生きていて良かった」と挨拶したときは、会場全員が立ち上がり涙を流しました。

　原爆被害は、日本政府の「開戦責任」とアメリカ政府の「投下責任」が問われる、人道と国際法違反の大量殺戮です。
　しかし、日本政府は、戦後いち早くアメリカ政府に「パールハーバーは

お忘れください。私たちも原爆は忘れましょう」と述べて互いの不法行為を不問に付し、アメリカ政府は、「日本の被爆者に放射能の影響はない」と発表しました。

　その後、日本政府は、10年間も原爆被害者を放置し、ビキニ水爆被災あとの原水爆禁止運動の高まりの中で、ようやく被爆者救済に取り組みましたが、「被爆者を救済すると、一般戦争被害者も救済しなければならなくなるのでまずい」として、「一般戦争被害救済に言及しないで、被爆者だけ救済する方法」として、「放射能被害だけ救済」の被爆者援護法をつくったのです。

　そして、「放射能被害」も「初期放射線被害に限定」し、内部被曝を無視し、原爆症認定でも大量却下しています。しかし、福島原発事故により「内部被曝無視」の不当性が明らかになっています。

　軍人・軍属は救済するが、「原爆死・原爆症」や「一般戦争被害」は救済しない人権侵害は、全く許すことができないことです。

　日本政府の侵略戦争への無反省から、アジアでは8割の人が「原爆投下されてよかった」と今も言っています。

　しかし、2008年、沖縄戦で犠牲になった「慰安婦の祈念碑」が宮古島に建立されたとき、招かれて参加した元慰安婦の方が「日本人は鬼ばかりと思ったが良い人がいると帰ったら伝えたい」と挨拶されました。

　核兵器のない世界をつくるためには、日本の侵略戦争によるアジアの人々の戦争被害補償を含めて、全ての戦争被害への国家補償を、国際連帯で取り組むことが求められています。

　戦争も原爆も原発もない世界に向けて、さらに頑張りたいと思います。

　2012年7月　67回目の「あの日」を前に

資料編

資料1　第1陣判決要旨（抜粋）
資料2　原爆症認定要件該当性等一覧表（第1陣原告）
資料3　原爆症認定集団訴訟熊本判決についての声明
資料4　原爆認定集団訴訟熊本判決に対する国の不当控訴に断固抗議する
資料5　原爆認定要件該当性等一覧表（第2陣原告）
資料6　原爆症認定訴訟熊本地裁第2陣判決についての声明
資料7　原爆症認定集団訴訟に関する政府声明について
資料8　原爆症認定訴訟の判決一覧

資料1　第1陣判決要旨（抜粋）

平成19年7月30日判決言い渡し
平成15年（行ウ）第5号外　原爆症認定申請却下処分取消等請求事件
熊本地方裁判所民事第3部
　　裁判長裁判官　石　井　　　浩
　　　　裁判官　堂　園　幹一郎
　　　　裁判官　向　井　敬　二

判　決　要　旨（抜粋）

4　争点(1)（放射線起因性の判断基準）について
　(2)　放射線起因性の判断基準
　(エ) a　さらに、審査の方針においては、残留放射線による内部被曝の影響が考慮されていないが、これは、DS86等報告書において、ホールボディカウンターにより測定されたセシウム137の内部負荷のデータに基づいて同元素からの内部被曝の積算線量を計算した結果、極微量の線量であると考えられていることによるものである。
　　　b　しかしながら、ホールボディカウンターは、体外から、体内の放射性原子核が放出する放射線を測定するものであって、飛程の長いガンマ線などを測定することはできるものの、飛程の短いアルファ線やベータ線を直接測定することはできないとの指摘がある。
　　　　また、原爆の爆発により生成される放射性原子核（核分裂生成物）は、おおよそ200種類にも上る上、半減期が長く、長期間の内部被曝を評価する上で重要な放射性原子核は、セシウム137のほかにも、少なくともストロンチウム90があること、上記セシウム137の内部負荷の測定データから推定されるセシウム137の有効半減期は、7．4年であり、これは、セシウム137などの放射性物質が体外に滞留し、排泄されにくくなっていることを示唆しているものと考える余地があること、半減期の短い放射性原子核ほど、急速に放射線を放出すること、広島では、広島原爆に使用された核分裂性物質のウラン235のうち分裂しなかった分、長崎では、長崎原爆に使用された核分裂性物質のプルトニウム239のうち分裂しなかった分がそれぞれ放射性降下物として降下したとの指摘があり、実際、長崎においては、未分裂のプルトニウム239の降下が確認されており、広島においては、未分裂のウラン235の効果が確認されたとする調査結果は証拠上見当たらないものの、長崎との対比上、降下したと考えるのが自然であること、ウラン2

３５とプルトニウム２３９の半減期は極めて長く、長期間の内部被曝を評価する上で考慮する必要がある放射性原子核であるとの指摘があることなどの諸事情に照らすと、実際の残留放射線による内部被曝の積算線量は、セシウム１３７だけの内部負荷のデータに基づいて算出された上記内部被曝の積算線量よりも大幅に多いものになる可能性は否定できない。

　ｃ　一方、前示のとおり、入市被爆者に残留放射線による急性症状と認められる症状が生じており、これは、残留放射線による外部及び内部被曝線量が急性症状を発生させるほど多量であったことを示すものということができる。また、内部被曝の場合、外部被曝とは異なり、ガンマ線や中性子線による被曝のみならず、飛程の短いアルファ線やベータ線による被曝も加わる上、放射性原子核が体内に存在する限り、継続的に被曝するという特徴があること、放射性原子核は、その種類によって、一定の組織や臓器に沈着することが、科学的にも特段問題のない事実として認められている。そして、このような事実を踏まえつつ、内部被曝の場合、一定の組織や臓器に沈着した放射性原子核による至近距離からの集中的継続的な被曝によって、当該部位が多量の放射線に被曝することとなり、深刻な障害が生じること、高密度の電離作用を有するアルファ線やベータ線により、ＤＮＡにおいて二重鎖切断が引き起こされ、誤った修復がされる確率が増加し、異常細胞を生成・成長させたりすることなど、外部被曝とは異なる機序で人体に影響を与えることを指摘する複数の知見が存在するところ、これらの知見は、必ずしも科学的に実証されているものではないものの、上記のとおり、科学的にも特段問題のない事実を踏まえたものであって、これらの知見と相反する知見が存在し、国際放射線防護委員会においても否定されていることを考慮しても、これらの知見が相当の科学的根拠を有するものであることは、否定しえないというべきである。

　さらに、低線量放射線による被曝に関して、低線量放射線による長時間にわたる継続的被曝によっても、高線量放射線による短時間の瞬間的被曝と同等の健康障害が生じることが指摘されており、その内容等に照らすと、これらの知見は、他の知見を考慮しても、否定しきれないものである。

　ｄ　以上によれば、審査の方針において、残留放射線による内部被曝の影響が考慮されていないのは、相当とはいえないのであって、申請疾病の放射線起因性の判断に当たっては、当該申請者の被爆状況や被爆後の行動、生活状況などを総合考慮の上、当該申請者が残留放射線による内部被曝を受けるような状況にあったのか否かを慎重に検討することが必要というべきである。

資料２　原爆症認定要件該当性等一覧表（第１陣原告）

原告又は原告番号	原告承継前	被爆者	訴訟承継人	却下処分日	申請疾病	被爆場地	爆心地からの距離	放射線起因性	要医療性
1	上村寿彦	左同		平成14年12月2日	膀胱がん	広島	約2.0km	○	○
2	亡隅倉名一		隅倉デル 隅倉昭二 隅倉重男	平成14年12月20日	肺気腫・慢性気管支炎、胃潰瘍、十二指腸潰瘍	広島	0.5kmないし1.0km	○	十二指腸潰瘍×、その余○
3	亡鈴木智蔵		鈴田キヌ子 杉村京実 鈴田勝実	平成14年3月26日	多発性骨髄腫	長崎	約3.0km	○	○
4	廣瀬ツサヨ	左同		平成14年10月15日	膀胱悪性腫瘍（膀胱がん）、変形性脊椎症	長崎	約2.3km	○	○
5	欠番								
6	坂口和子	左同		平成14年11月8日	骨粗鬆症、変形性脊椎症、変形性膝関節症	長崎	約2.2km	○	○
7	廣瀬昌昭	左同		平成15年2月21日	膀胱がん	長崎	約4.0km	○	○
8	黒田宗茂	亡黒田博子		平成15年3月26日	胆管がん	広島	約1.2km	○	○
9	A	左同		平成15年7月23日	甲状腺機能低下症	長崎	約2.1km	○	○
10	井上保	左同		平成15年5月6日	前立腺がん、甲状腺機能低下症	長崎	約4.5km	○	○
11	志垣秋男	左同		平成15年5月6日	胃がん、食道がん	長崎	約3.5km	○	○
12	村上務	左同		平成15年7月23日	胃粘膜下腫瘍	長崎	約2.5km	○	○
13	濱崎ヨミ 濱崎篤志 濱崎隆志	亡濱崎強		平成15年11月18日	悪性リンパ腫	長崎	約1.8km	○	○
14	濱川ノブ子	左同		平成16年3月4日	糖尿病、骨粗鬆症、第4腰椎すべり症	長崎	約1.0km	○	○
15	亡B		D外5名	平成16年6月23日	肝機能障害（C型肝炎）	長崎	約2.7km	○	○
16	C	左同		平成16年7月21日	原発性肺がん	長崎	約2.5km	○	○
17	西村孝一	左同		平成16年11月8日	C型肝硬変	広島	約2.1km	×	○
18	宮本一幸	左同		平成17年2月28日	食道がん、糖尿病	長崎	約4.0km	○	○
19	管玉時	左同		平成17年4月26日	C型慢性肝炎	長崎		×	○
20	井手静代	左同		平成17年4月26日	細胞増殖機能障害（結腸がん）右下腿熱傷瘢痕による右足関節伸展制限及び歩行障害	長崎	約4.2km	×	○
21	本山俊明	左同		平成17年7月28日	大腸がん（結腸がん）	広島	約2.3km	×	○
22	中山高光	左同		平成17年9月12日	甲状腺機能低下症	長崎	約3.0km	○	○

※「放射線起因性」欄及び「要医療性」欄については、○は肯定、×は否定をそれぞれ意味する。

資料３　原爆症認定集団訴訟熊本判決についての声明

原爆症認定集団訴訟熊本判決についての声明

　本日、熊本地方裁判所民事第３部（石井浩裁判長）は、熊本県内在住の被爆者２１名が求めた原爆症認定申請を却下した厚生労働大臣の処分のうち、１９名に対する却下処分を取り消す、原告勝訴の判決を言い渡した。

　すでに、大阪、広島、名古屋、仙台、東京の各地方裁判所において、国の原爆症認定行政を断罪する判決が言い渡されており、本日の熊本判決もこれらと同様、原因確率の機械的な適用で被爆者を切り捨てる厚生労働大臣の原爆症認定のあり方に抜本的な見直しを迫るものとなっている。

　判決は、ＤＳ８６と原告らに対し発症した急性症状の矛盾や、誘導放射線及び放射性降下物などの残留放射線による外部被曝及び内部被曝を無視している点を批判し、現在の「審査の方針」は高度の蓋然性の有無を判断する際の考慮要素の一つに過ぎないと断罪した。

　２名については、被曝線量の評価を誤り、あるいは、従前の認定例にも反するものであるが、変形脊椎症や膝関節症、糖尿病について放射線起因性を認めるなど、これまでにないふみ込んだ判断を示した。

　国は、「原爆症の認定は科学的知見に基づいて適正に行われている」などとして、司法判断を無視する姿勢を続けているが、熊本地裁に提訴した原告２１名のうちすでに５名が亡くなっている現状に鑑みるとき、いたずらに解決を先送りすることは人道的にも許されないものである。

　「原爆投下はしょうがない」との暴言で久間防衛大臣が辞任に追い込まれた今こそ、国は、被爆者及び原爆被害に正面から向き合うことが求められている。

　国が６つの地裁判決を尊重し、本日の熊本判決についての控訴を断念し、原爆症認定行政を抜本的に見直すことを、強く要請する。

２００７年７月３０日

原爆症認定訴訟熊本原告団
同　　熊本弁護団
熊本県原爆被害者団体協議会
日本原水爆被害者団体協議会
原爆症認定集団訴訟全国弁護団
原爆症認定集団訴訟を支援する全国ネットワーク

資料4　原爆認定集団訴訟熊本判決に対する国の不当控訴に断固抗議する

原爆症認定集団訴訟熊本判決に対する国の不当控訴に断固抗議する

　本日、柳澤厚生労働大臣は、熊本地方裁判所が、去る7月30日に下した国の原爆症認定行政を断罪する判決に対して、福岡高等裁判所に控訴をすると表明した。

　熊本判決は、大阪、広島、名古屋、仙台、東京の各地方裁判所において下された判決と同様、原因確率の機械的な適用で被爆者を切り捨てる厚生労働大臣の原爆症認定のあり方に抜本的な見直しを迫るものとなっている。

　これをふまえ、安倍首相は、8月5日、「原爆症認定基準の見直しを検討する」と被爆者に対して約束をした。そして、柳澤厚生労働大臣は、首相の指示を受け、「検討した結果、基準を見直さないという結論はありえない」旨発言した。

　にもかかわらず、本日、厚生労働大臣が、熊本判決を受け入れず、控訴をするとの方針をとったことは、首相の決断を真摯に実行する意思があるのかどうかが問われるものであり、絶対に許すことは出来ない。

　厚労省のプレスリリースによれば「専門家から成る審査会において、科学的知見に基づいて判断を行っている。」とするが、6つの地方裁判所は、いずれも十分に専門家の意見を聞いたうえで、国の認定基準は間違っているとの結論に達したものであり、これ以上の専門家の判断はない。

　また、同リリースは「6つの裁判判決はそれぞれに考えが異なっている」旨述べるが、すべての判決が、内部被曝を含む残留放射線の影響を重視していること、また、認定対象疾患につても、がん、非がん疾患の区別なく認めている点では揺るぎがない。つまり、厚労省の審査の方針の根底部分が厳しく批判されている点では、各裁判所の見解は一致しているのである。

　全国265名の原告のうち、すでに37名が亡くなっている現状に鑑みるとき、被爆者救済は一刻の猶予も許されない。

　国が、6つの高等裁判所に対する不当控訴を撤回し、すみやかに、司法判断に従った原爆症認定基準に改めるよう、強く要請する。

2007年8月10日

　　　　　　　　　　　　　　　原爆症認定集団訴訟熊本原告団
　　　　　　　　　　　　　　　同　　　熊本弁護団
　　　　　　　　　　　　　　　熊本県原爆被害者団体協議会
　　　　　　　　　　　　　　　日本原水爆被害者団体協議会
　　　　　　　　　　　　　　　原爆症認定集団訴訟全国弁護団連絡会
　　　　　　　　　　　　　　　原爆症認定集団訴訟を支援する全国ネットワーク

資料5　原爆症認定要件該当性等一覧表（第2陣原告）

原告番号	原告又は承継前原告	被爆者	訴訟承継人	却下処分日	申請疾病	被爆地	爆心地からの距離	放射線起因性	要医療性
1	佐藤絹子 浅田邦子 佐藤和幸	亡佐藤守人		平成18年1月11日	肺がん	広島	約3.0km	○	○
2	宮本喜一	左同		平成18年7月26日	変形性腰椎症 虚血性心疾患	長崎	約3.8km	○	○
3	櫻井琢磨	左同		平成18年7月26日	下行結腸がん	長崎	約3.2km	（平成20年6月18日大腸がんで原爆症認定。本件訴え却下）	
4	柴田未義	左同	柴田カズエ 柴田英幸 阪島陽子 川野扶美子	平成18年7月26日	骨髄異形成症候群	長崎	入市被爆者	○	○
5	林田栄子	左同		平成18年5月26日	慢性甲状腺炎	長崎	約1.5km	○	○
6	松浦嘉人	左同		平成18年12月26日	変形性脊椎症 肺気腫	長崎	約2.5km	○	○
7	廣瀬昌昭	左同		平成18年10月23日	前立腺がん	長崎	約4.0km	（平成20年6月24日前立腺がんで原爆症認定。本件訴え却下）白血球減少症は、その余は○	白血球減少症は×、その余は○
8	小田ハルエ	左同		平成18年11月7日	頸椎椎間板ヘルニア、腰部脊椎管狭窄症、変形性膝関節症、左白血球減少症	長崎	約2.9km	白血球減少症は×、その余は○	白血球減少症は×、その余は○
9	荒誠一	左同		平成19年4月20日	心筋梗塞、心不全、糖尿病、前立腺肥大症、脳梗塞	長崎	約3.3km	前立腺肥大は×、その余は○	前立腺肥大は×、その余は○
10	村上務	左同		平成19年3月30日	甲状腺機能低下症、白内障	長崎	約2.3km	○	○
11	木瀬キミ	左同		平成19年3月13日	骨粗鬆症、変形性膝関節症、膵頭部腫瘍、微小脳梗塞、糖尿病、脳動脈瘤	長崎	約2.5km	膵頭部腫瘍は判断せず、糖尿病は×、その余は○	膵頭部腫瘍、糖尿病は判断せず、その余は○
12	成田豊太郎	左同		平成19年7月18日	冠動脈疾患、脳動脈硬化症、多発性脳虚血	長崎	約1.3km	脳動脈硬化症は×、その余は○	脳動脈硬化症は判断せず、その余は○
13	今村敏恵 今村正和 長尾恵美	亡今村武幸		平成19年3月30日	呼吸不全、肺腺維症、肺がん、肝がん	長崎	約3.0km	（平成20年6月18日肺がんで原爆症認定。本件訴え却下）	

※「放射性起因性」欄及び「要医療性」欄については、○は肯定、×は否定をそれぞれ意味する。

資料6　原爆症認定訴訟熊本地裁第2陣判決についての声明

2009年8月3日

原爆症認定訴訟熊本地裁第2陣判決についての声明

原爆症認定集団訴訟熊本原告団
原爆症認定集団訴訟熊本弁護団
原爆症認定集団訴訟全国弁護団連絡会
熊本県原爆被害者団体協議会
日本原水爆被害者団体協議会
原爆症認定集団訴訟を支援する全国ネットワーク

1　本日、熊本地方裁判所民事第3部（石井浩裁判長）は、原爆症認定集団訴訟熊本第2陣訴訟に関し、未認定原告10名全員に対する厚生労働大臣の却下処分を取り消す、原告全員勝訴の判決を言い渡した。
2　本日の熊本地裁判決は、これまでの18の地裁・高裁判決と同様、厚生労働省の原爆症認定行政を厳しく断罪したものである。
　　厚生労働省は、度重なる司法判断を受け、昨年4月から「新しい審査の方針」に基づき心筋梗塞を、さらに、今年6月から甲状腺機能低下症や肝機能障害を積極認定対象疾病とする方針で、原爆症の認定をしている。
　　しかしながら、本日、いまだ厚生労働大臣が認定していない心筋梗塞や甲状腺機能低下症の原告を熊本地裁が原爆症と判断したことは、厚生労働省に対して「新しい審査の方針」のさらなる抜本的な改訂を迫るものである。
3　政府は、「8月6日までに原爆症問題の全面解決の道筋を示したい」としている。そうであれば、本判決に対して控訴をし、訴訟を引き延ばすことは絶対に許されない。他の裁判所に係属中の1審勝訴原告も含め、すみやかに原爆症と認定するとともに、原告全員の救済を図るべきである。そして、被爆の実態及び司法判断をふまえた認定制度を確立するため、厚生労働大臣は被爆者と正面から向き合い、ただちに協議を開始すべきである。
　　我々は、原告全員救済による訴訟解決、及び、原爆症認定行政の抜本的転換を求めて引き続き全力で闘う。各位の支援を心からお願いする。

以上

資料7　原爆症認定集団訴訟に関する政府声明について

2009年8月6日

原爆症認定集団訴訟に関する政府声明について

原爆症認定集団訴訟熊本原告団
原爆症認定集団訴訟熊本弁護団
熊本県原爆被害者団体協議会

1　64回目の原爆の日である本日、政府は、①裁判の長期化による被爆者の苦しみに陳謝する、②原爆症認定訴訟の勝訴原告を原爆症と認定する、③敗訴原告については基金を創設し解決金を支払う、④厚生労働大臣は、原爆症認定の在り方を検討するため、被団協・原告団・弁護団と定期協議を行う、⑤核兵器廃絶に向けて主導的役割を果たす、ことを内容とする声明を発表した。

2　本日の政府声明は、あまりに遅すぎたものではあるが、原爆症問題の全面解決に向け、厚生労働省の認定行政を大きく前進させるという政府の決意の表れと評価する。

　　本日の政府声明をかちとった全国の被爆者のたたかいとこれを正面から受け止めた司法判断に対して、心から敬意を表したい。

　　厚生労働大臣は、本日の政府声明を受け、すみやかに勝訴原告を原爆症と認定するとともに、「新しい審査の方針」の抜本的な改訂に向け、真摯に被団協・原告団との協議を開始すべきである。

3　我々は、①原告全員救済による訴訟解決、②原爆症認定行政の抜本的転換、③世界の悲願である核兵器廃絶に向けて、引き続き力を尽くす決意である。各位の支援を心からお願いする。

以上

資料8　原爆症認定訴訟の判決一覧

中川重徳（東京弁護団）作成

判決日			
93.05.26	松谷訴訟　長崎地裁判決	2.45キロ、頭部外傷による片麻痺	勝訴
97.11.07	松谷訴訟　福岡高裁判決		勝訴
00.07.17	松谷訴訟　最高裁判決		勝訴

00.11.07	小西原爆裁判　大阪高裁判決	1.8キロ　白血球減少症と肝機能障害	白血球減少症で勝訴

2001.5.25　「原爆症認定に関する審査の方針」策定　（DS86+原因確率、しきい値）

04.03.31	東訴訟地裁判決	肝機能障害（C型肝炎）	勝訴
05.03.29	東訴訟高裁判決		勝訴確定

原爆症認定集団訴訟（2003年4月17日～全国17地裁へ提訴）

	判決日		放射線起因性が認められた疾病	備考
①	06.05.12	大阪地裁		集団訴訟最初の判決。9名全員勝訴
②	06.08.04	広島地裁		41名全員勝訴
③	07.01.31	名古屋地裁		4名中2名勝訴
④	07.03.20	仙台地裁		2名全員勝訴
⑤	07.03.22	東京地裁		30名中21名勝訴
⑥	07.07.30	熊本地裁	C型肝硬変、甲状腺機能低下症ほか変形脊椎症や膝関節症、糖尿病	21名中19名勝訴　直後に安倍総理が認定基準の見直しを指示
	2008.3.17「新しい審査の方針」策定。4月から実施			
⑦	08.05.28	仙台高裁（④事件控訴審）	要医療性を実情に即して広く認めた	上告断念により確定
⑧	08.05.30	大阪高裁（①事件控訴審）	甲状腺機能低下症につき初の高裁判決（3.3キロ）、ケロイド	上告断念により確定
⑨	08.06.23	長崎地裁	C型慢性肝炎・肝硬変、ガラス摘出後遺症、両変形性膝関節炎・足関節炎、心筋梗塞、狭心症	
⑩	08.07.18	大阪地裁二次	肝硬変、入市者心筋梗塞	
⑪	08.09.22	札幌地裁	C型慢性肝炎・肝硬変、慢性甲状腺炎	9/25河村官房長官「一挙に解決すべきときにきているのでは」「控訴期限までに一つの考え方をまとめたい」
	肝機能障害と甲状腺機能低下症の扱いを分科会に議論させることを決める　（方向性は示さず）			
⑫	08.10.14	千葉地裁	C型肝硬変、陳旧性心筋梗塞・脳梗塞後遺症	11/19河村官房長官「東京高裁判決が一括解決のタイムリミット」
⑬	09.01.23	鹿児島地裁	甲状腺腫瘍、前立腺腫瘍	控訴断念して確定
⑭	09.03.12	千葉訴訟（一次）・東京高裁判決（⑫控訴審）	C型肝硬変、陳旧性心筋梗塞・脳梗塞後遺症	国は上告期限前日まで上告できず。厚労省コメントと被爆者に面談した河村官房長官が「5月解決」を約束

⑮	09.03.18	広島（2陣）地裁	一部国賠認容。C型肝炎・C肝硬変、白内障ほか	
⑯	09.03.27	高知地裁	虚血性心疾患	原告1名（遺族）
⑰	09.05.15	大阪（二次）高裁 （⑩控訴審）	肝硬変、入市者心筋梗塞、体内異物	国が上告断念して確定
⑱	09.05.28	東京（一次）高裁 （⑤控訴審）	C型肝炎、甲状腺機能低下症、8/11広島入市、5キロがんほか	国が上告断念（10名勝訴確定・1名敗訴上告）
肝機能障害と甲状腺機能低下症を積極認定対象疾病とする（限定付き）2009.6.22				
⑲	09.08.03	熊本地裁（二陣）	変形性脊椎症、肺気腫、骨粗鬆症、頚椎椎間板ヘルニア、変形性膝関節症、長崎8/14入市など	全員勝訴、確認書に基づき控訴せず確定
【原爆症認定集団訴訟の終結に関する基本方針に係る確認書】及び内閣官房長官談話 2009.8.6				
⑳	09.11.30	福岡高裁（熊本一陣）		肝硬変が積極認定に入っても認定されていなかった2.5キロC型肝炎について逆転勝訴
㉑	09.11.30	横浜地裁		1.1キロ慢性肝炎、5.4キロ＋入市の中咽頭がん、1.2キロ左手指切断後遺症が勝訴。
㉒	10.03.11	名古屋高裁判決 （③控訴審）	3.1キロ＋入市の原告の白内障につき逆転勝訴（判決185頁等）	1名上告断念して確定
㉓	10.03.29	高松地裁	C型由来肝腫瘍	1名勝訴
㉔	10.03.30	東京地裁(第二次)	甲状腺機能亢進症、2キロ心筋梗塞、脳梗塞、117時間後入市がんなど	2名敗訴（5.4キロがん、二日後入市心筋梗塞）
㉕	10.05.25	千葉地裁（第二次）	白内障、甲状腺機能低下症	2名中1名勝訴。甲状腺機能低下症認容
㉖	10.06.16	岡山地裁	子宮体がん	敗訴。総論も低レベル
㉗	10.07.20	長崎地裁(第二次)	○変形性脊椎症、○脳腫瘍	2名勝訴、4名敗訴
㉘	10.12.22	札幌地裁	2キロ心筋梗塞勝訴	原告1名
㉙	11.07.05	東京地裁（第3次）	○4キロ甲状腺機能亢進症	実質12名勝訴、4名敗訴
㉚	11.12.21	大阪地裁（第3次）	○4キロ多発性骨髄腫など	実質4名勝訴、1名敗訴

＊100219 最高裁判決（⑱で控訴棄却された1名に対する上告審）

編　著　　熊本県原爆被害者団体協議会
　　　　　原爆症認定訴訟熊本弁護団

監　修　　矢ヶ﨑克馬・牟田喜雄

連絡先　　たんぽぽ法律事務所
　　　　　〒860-0078　熊本市中央区京町1丁目12-2 京町会館1F
　　　　　電話 096-352-2523　　fax 096-352-2524

裁かれた内部被曝──熊本原爆症認定訴訟の記録

2012年8月6日　初版第1刷発行

編著 ──── 熊本県原爆被害者団体協議会・原爆症認定訴訟熊本弁護団
監修 ──── 矢ヶ﨑克馬・牟田喜雄
発行者 ── 平田　勝
発行 ──── 花伝社
発売 ──── 共栄書房
〒101-0065　東京都千代田区西神田2-5-11出版輸送ビル2F
電話　　03-3263-3813
FAX　　03-3239-8272
E-mail　　kadensha@muf.biglobe.ne.jp
URL　　http://kadensha.net
振替 ──── 00140-6-59661
装幀 ──── 澤井洋紀
印刷・製本─シナノ印刷株式会社

Ⓒ2012　熊本県原爆被害者団体協議会・原爆症認定訴訟熊本弁護団
ISBN978-4-7634-0640-8 C0036

水俣の教訓を福島へ
――水俣病と原爆症の経験をふまえて

原爆症認定訴訟熊本弁護団　編著

定価（本体 1000 円＋税）

●誰が、どこまで「ヒバクシャ」なのか？
内部被曝も含めて、責任ある調査を！
長年の経験で蓄積したミナマタの教訓をいまこそ、フクシマに生かせ！

水俣の教訓を福島へ part2
――すべての原発被害の全面賠償を

原爆症認定訴訟熊本弁護団　編
荻野晃也、秋元理匡、
馬奈木昭雄、除本理史　著

定価（本体 1000 円＋税）

●東京電力と国の責任を負う
原発事故の深い傷痕。全面賠償のためには何が必要か？　水俣の経験から探る

原発を廃炉に！
――九州原発差止め訴訟

原発なくそう！九州玄海訴訟弁護団
原発なくそう！九州川内訴訟弁護団　編著

定価（本体 800 円＋税）

●原告団にあなたの参加を！
フクシマを繰り返すな！
九州発――この国から原発をなくそう！
半永久的・壊滅的被害をもたらす原発
国の原子力政策の転換を求める